« Le premier livre de cuisine de Carolina Gelen est un recueil de vraies recettes pour la vraie vie, des recettes aussi chaleureuses comme leur autrice. Il contient tant de plats ingénieux cuisinés avec des ingrédients simples que je ne sais par où commencer ! Nous avons enfin la chance de traîner en cuisine avec notre influenceuse préférée, saisissons-la !»

—Sohla El-Waylly, autrice de *Start Here*

« *Cuisiner pour ceux qu'on aime* de Carolina est un livre indispensable pour tous les gourmets. Son talent resplendit à chaque page tandis qu'elle nous sert de nouvelles idées et saveurs surprenantes. Ses recettes sont uniques mais accessibles et très faciles à cuisiner quelles que soient vos compétences. Je suis certaine que les lecteurs vont retomber amoureux de la cuisine avec le tout premier chef d'œuvre de Carolina. »

—Alex Snodgrass, autrice et créatrice de *The Defined Dish*

« Carolina, c'est un peu votre prof de cuisine préférée, qui dispense chaleur et expertise dans la cuisine. Adepte des recettes faisables mais extraordinaires, elle nous dévoile un univers gustatif dont on ignorait l'existence. »

—Hannah Neeleman de Ballerina Farm

« Dans un monde où tant de gens refont sans cesse la même chose, Carolina Gelen, avec ses recettes, et maintenant son premier livre de cuisine nous propose tout l'inverse. Je suis constamment stupéfaite par sa créativité et chacune des recettes que j'ai testée a été parfaite. Ses associations de saveurs sont sans pareille, ses techniques impeccables et son imagination sans borne. Je ferais tout pour être sa voisine. Croyez-moi quand je vous dis que ce recueil va vite devenir votre nouveau livre de cuisine préféré ! »

—Gaby Dalkin, autrice et créatrice de *What's Gaby Cooking*

« Peu de livres de cuisine suscitent mon enthousiasme, mais celui-ci m'a fait crier de joie : Tout à l'air trop bon ! Il est intelligent, novateur et original, je ne sais même pas par quelle recette commencer. »

—Deb Perelman, autrice de *Smitten Kitchen Keepers*

« *Cuisiner pour ceux qu'on aime* offre une plongée dans le génie de Carolina Gelen. Je l'attendais avec impatience et je ne suis pas déçue. Sa passion, sa ténacité et son amour de la cuisine transpirent à chaque page. Ses recettes sont à la fois simples et appétissantes. J'ai hâte de toutes les tester !»

—Melissa Ben-Ishay, autrice et créatrice de Baked by Melissa

Cuisiner pour ceux qu'on aime

CUISINER POUR CEUX QU'ON AIME

100 recettes à partager

Carolina Gelen

Photographies de Nico Schinco

Traduction de Marion Richaud

hachette
CUISINE

Je dédie ce livre à ma merveilleuse communauté
et à toutes celles et ceux qui l'ont accueilli dans
leur cuisine. J'espère que ces recettes nourriront
votre âme, qu'elles assouviront votre faim et
qu'elles déclencheront un sourire sur vos lèvres.
Merci du fond du cœur de me laisser entrer dans
votre univers.

SOMMAIRE

En Roumanie, même si j'étais fille unique, j'ai grandi dans une famille nombreuse, entourée de plein de tantes et d'oncles bruyants, et d'un paquet de cousins et cousines qui étaient comme des frères et sœurs.

Quand nous étions réunis, le volume sonore de la pièce augmentait, mais dès que la nourriture arrivait, le calme revenait. L'odeur des aliments, si alléchante, nous invitait à profiter de la vie. Nous posions sur la table des plats et des cocottes de soupe, du poulet rôti, des *mici* (roulés à la viande roumains), du couscous et des choux farcis, et de nombreux accompagnements — une multitude de pickles maison, de poivrons marinés, de pains frais, de dips, des montagnes d'oignons nouveaux, de gousses d'ail crues, de piments. La personne la plus proche du plat servait les autres en disant à chacun « passe ton assiette ».

C'est cet esprit familial que j'ai voulu vous transmettre dans mon premier livre de cuisine, en le remplissant de recettes exquises, mais faciles à préparer, avec des ingrédients que vous possédez sans doute déjà.

J'ai créé ces recettes afin qu'elles soient accessibles, savoureuses et nourrissantes, pour vous et tous ceux que vous aimez.

J'espère qu'il sera un ouvrage sur lequel vous pourrez compter en toute occasion, que ce soit pour un repas sur le pouce en fin de soirée, un anniversaire, un petit-déjeuner entre amis ou un mercredi soir plan-plan.

Les plats que j'ai réunis composent une collection variée de recettes qui s'inspire de mon histoire. Après avoir vécu la majeure partie de ma vie en Transylvanie, j'ai immigré aux États-Unis où j'ai découvert la cuisine américaine et où j'ai eu la chance de travailler dans différents restaurants avec plein de personnes talentueuses. Vous trouverez ici de grands classiques américains revus à ma sauce, comme un mac'n'cheese au brie à la chapelure panko aillée, ainsi que des plats d'Europe de l'Est empreints de nostalgie que j'ai envie de manger quand mon pays me manque, tel que mon couscous de poulet à l'ail ou mon méga-giga chou farci. Il y a aussi des plats rigolos nés de l'envie de lâcher prise en cuisine, comme mon riz croustillant au ketchup ou un gâteau au chocolat sans cuisson.

Je suis convaincue que la cuisine doit être une expérience agréable, non une corvée que l'on remet à plus tard. Avec ces recettes ultra-simples, je veux que vous soyez à l'aise dans votre cuisine, quelles que soient vos compétences. La majorité des recettes utilisent des ingrédients basiques, que vous trouverez dans la plupart des supermarchés. J'ai voulu que mes explications soient claires, précises et faciles à suivre.

J'ai prévu des plats pour tout le monde et j'ai hâte de voir quelles recettes vous allez choisir pour vous les approprier. Je rêve que *Cuisiner pour ceux qu'on aime* s'épanouisse sur votre plan de travail, qu'il se couvre de taches de graisse, que ses pages se cornent, parce que vous l'aimez tellement que vous l'utilisez sans cesse pour déguster chaque recette l'une après l'autre. Si ce livre vous apporte stimulation et satisfaction, qu'il vous rapproche de votre communauté, alors j'aurais réussi mon pari. J'espère que vous aimerez tellement ces plats que vous ne pourrez vous empêcher de vous resservir.

cuisine et famille : de la Roumanie aux US

Dès que j'ai manifesté de l'intérêt pour la cuisine, ma mère m'a autorisée à l'aider à chaque étape lorsqu'elle cuisinait.

Mon père paniquait toujours lorsqu'il voyait sa fillette de cinq ans tenir un couteau, et il énumérait en hurlant les quarante-sept façons dont ce couteau pouvait tomber et m'embrocher. Malgré tout, ils m'ont toujours laissée être avec eux dans la cuisine. Ma mère ne suivait aucune recette et l'imiter m'a aidée tout au long de mon parcours culinaire. Bien que j'aie eu la chance de travailler plus tard dans divers restaurants, d'une boutique de bagels à un complexe touristique de luxe avec un chef lauréat d'un James Beard Award, la personne qui a le plus influencé ma cuisine reste ma mère.

Un souvenir précis me revient en tête. Chaque semaine, ma mère faisait une journée beignets — en Roumanie, les beignets sont appelés *gogoşi* (go-go-shi), c'était donc une journée *gogoşi*. Elle préparait la pâte elle-même, sans balance ni verre mesureur. Elle sortait son immense saladier en inox et commençait en émiettant un cube de levure fraîche — je sens encore l'odeur qui embaumait notre cuisine — avant d'ajouter beaucoup de sucre et du lait. J'étais alors chargée d'incorporer la farine ou tout autre ingrédient qu'elle me tendait, et j'en mettais partout. C'était tellement génial pour la petite fille que j'étais ! Elle couvrait ensuite la pâte avec sa nappe à carreaux rouges et blancs, le temps qu'elle lève. Ma mère n'utilisait jamais de nappe pour mettre la table, si bien que dès que je la voyais sortir ladite nappe, photographiée dans les pages suivantes, je savais que cela ne pouvait signifier qu'une seule chose : c'était le jour des beignets. Elle enveloppait enfin la pâte dans deux couvertures en laine et la plaçait à côté du radiateur chaud. Quand elle était prête, nous l'abaissions ensemble et la découpions en disques à l'aide d'un mug à fleurs au diamètre parfait.

Pendant qu'elle réalisait cette étape, ma mère me passait un quart de la pâte et m'autorisait à faire toutes les formes que je voulais avec un minuscule couteau pointu. Le concept de levée ne signifiant rien pour moi à l'époque, je pétrissais la pâte encore et encore, si bien que mes beignets étaient toujours trop denses et lourds. J'ai mis longtemps à comprendre pourquoi les siens étaient plus réussis que les miens.

Après avoir fait frire les beignets jusqu'à ce qu'ils soient bien dorés, nous préparions le sucre. Ma mère utilisait un petit moulin à café vieux de vingt ans pour fabriquer du sucre glace à partir de sucre en poudre. Je me rappelle l'odeur et le nuage blanc qui s'échappaient quand elle ouvrait le couvercle du sucre glace. Nous versions le sucre glace dans un grand sac en plastique, puis nous y glissions les beignets avant d'entortiller l'extrémité du sac pour le secouer afin d'enrober les beignets de sucre. Imaginez la joie d'une fillette de cinq ans qui voit tomber des dizaines de beignets dans un saladier. Ma mère posait ensuite le saladier sur mes genoux tandis que je regardais mes dessins animés préférés.

Je me souviens aussi de la première fois où ma mère m'a permis d'utiliser seule le four. Je devais avoir six ou sept ans quand j'ai préparé des bagels bretzels aux graines de pavot, en suivant une obscure recette trouvée sur Internet. J'avais bien sûr oublié de mettre du sel et ils étaient un peu fades, mais nous les avons quand même mangés et partagés avec nos voisins d'en face. Une passion était née et, en grandissant, la cuisine est le seul hobby qui m'est resté. J'ai appris à progresser, pas à atteindre la perfection. Dès l'âge de douze ans, je savais faire des croquembouches raffinés et des croissants maison.

Mes compétences culinaires se développant, j'ai voulu étendre mon répertoire au-delà des spécialités roumaines et hongroises que je connaissais bien. Nous n'avions pas beaucoup d'argent et nous n'allions au restaurant qu'une fois par an, alors ma mère et moi regardions *MasterChef*, Jamie Oliver, Anna Olsen, Nigella Lawson, Yotam Ottolenghi et d'autres chefs talentueux à la télévision, et nous tentions de reproduire leurs plats.

Ma passion grandissant, je me suis retrouvée en plein cœur de la Transylvanie, à essayer de refaire les recettes de mes cuisiniers et pâtissiers préférés, mais incapable de trouver les ingrédients, comme la purée de potiron en conserve, la sauce aux canneberges, le lait concentré sucré ou les marshmallows blancs utilisés pour les *s'mores* américains (l'option la plus proche était des torsades en guimauve rose pâle et jaune). J'ai dû apprendre à faire toutes ces choses à partir de zéro.

Regarder ces chefs à la télévision nous a permis à tous de développer nos palais et d'explorer de nouvelles cuisines. Aujourd'hui, même si mes parents ne parlent pas anglais, ils comprennent le langage de la nourriture que je partage dans mes recettes et vidéos en ligne, ce qui me conforte dans l'idée que la cuisine est un langage universel.

L'une des choses qui me fascinaient avec ces stars, c'était les bols qu'ils utilisaient pour le dressage. Le dimanche, nous allions donc souvent aux puces pour chiner de la vaisselle pour mon émission de cuisine imaginaire — je listais à voix haute les étapes de mes recettes quand je cuisinais. Des années plus tard, visiter les brocantes et les vide-greniers reste l'une de mes grandes sources d'inspiration. Quand on déniche un plat ancien original qui nous parle, que l'on soit attiré par sa couleur, sa matière ou son aspect général, les histoires que l'on se raconte à son sujet sont toujours très inspirantes. Cela m'amuse beaucoup de m'imaginer comment cette trouvaille va être employée, qu'elle devienne la star d'un dîner formel ou qu'elle soit utilisée pour servir des petits gâteaux après le repas.

Avec cette passion pour la cuisine, vous pensez sans doute que j'espérais devenir cheffe et ouvrir mon restaurant. Vous auriez tort. Quand un enfant grandit en Europe de l'Est avec des parents ayant souffert du communisme, de la dictature et de la pauvreté, on lui enseigne que, pour échapper à ce cycle, il faut aller à l'université et décrocher un boulot intellectuel. (En visite en Roumanie après mon installation aux États-Unis, j'ai croisé une ancienne prof qui, quand je lui ai dit que je travaillais dans la cuisine, m'a répondu : « Mais je croyais que tu étais intelligente ! ») Dans cette culture, on encourage les enfants à devenir médecins, avocats, ingénieurs ou programmeurs informatiques, pour rendre leur famille fière et accéder à une vie meilleure que celle de leurs parents. L'une des anecdotes que mes parents m'ont racontées est restée gravée dans ma mémoire. Sous la dictature de Ceaușescu, mes parents recevaient un sac d'oranges chaque année en hiver. Les oranges étaient si rares, et ils avaient si peu, qu'ils les mangeaient entières, écorce comprise. Aujourd'hui, cela nous semble normal d'avoir des oranges, mais à l'époque, c'était une denrée rare. À présent, ma famille ne mange plus la peau des oranges, mais nous la conservons quand même et la faisons sécher sur le radiateur en souvenir du passé.

Dans ces conditions, je n'ai jamais envisagé de faire de ma passion pour la cuisine un métier. J'ai suivi au contraire la voie toute tracée pour moi : je suis allée à l'université pour étudier l'informatique. Ça ne me passionnait pas plus que ça et, *a posteriori*, je me suis convaincue moi-même que ça me plaisait. De la façon dont je voyais les choses, c'était un cursus qui me garantirait un job correct à la fin et m'offrirait la possibilité de subvenir à mes besoins et d'échapper à la pauvreté.

Au bout de quelques mois, je savais que ce n'était pas la bonne formation pour moi. Je ne prenais aucun plaisir à apprendre les composants d'un ordinateur, à étudier les maths et à résoudre des problèmes dont je n'avais rien à faire. Si la découverte des algorithmes m'a amusée au départ, ils se sont vite avérés ennuyeux et trop complexes à mon goût.

Pour faire bref, je savais dès le début que ce n'était pas pour moi, mais j'étais face à un dilemme : je ne voulais pas décevoir mes parents. Étant la première de ma famille à aller à l'université, abandonner n'était pas une option. J'étais malheureuse, mais impuissante. J'étais coincée et j'en souffrais. L'une des choses les plus importantes que j'ai apprises à l'université, c'est que les étudiants les plus doués étaient ceux qui étaient les plus passionnés. Ils vivaient leur passion en cours et en-dehors des cours, et ils s'épanouissaient.

Envieuse de ceux qui adoraient cette chose que je détestais et que je m'efforçais d'apprécier, j'ai pris une grande décision. À la minute où le semestre a pris fin, alors que mes camarades partaient pour des stages d'été, j'ai postulé pour un programme qui me permettrait d'obtenir un job d'été aux États-Unis. Pas n'importe lequel, un job dans un restaurant, mon rêve ! J'ai demandé un visa J1, créé pour que les étrangers puissent découvrir la culture et les institutions américaines grâce à des programmes d'échange éducatifs. Ce visa permet de travailler aux États-Unis pendant une période donnée, de voyager et de retourner chez soi en ayant fait le plein d'expériences et de souvenirs.

Je suis arrivée aux États-Unis pendant l'été 2018 et j'ai tellement adoré que j'y suis retournée l'été suivant. Je travaillais à Park City dans l'Utah, une ville touristique où il y a toujours de l'activité et des gens qui veulent manger de bonnes choses. Lors de mes deux séjours, j'ai eu deux emplois, je travaillais 16 heures par jour et dormais maximum 6 heures par nuit. J'étais une éponge, j'absorbais tout. Ce n'était pas du travail. J'adorais me lever le matin, cuisiner, interagir avec les clients, tout était si excitant ! J'ai été employée dans différents lieux : une boutique de bagels, un restaurant gastronomique « de la ferme à l'assiette », le pub d'une brasserie. J'étais enfin dans mon élément.

À la fin de mon deuxième été dans l'Utah, j'ai dû retourner à la fac en Roumanie. J'ai repris dans la douleur, avec beaucoup de pleurs et de frustration. Je louais une chambre 150 $ par mois à un couple âgé qui avait une petite cuisine et un gentil chien. Je n'attendais qu'une chose avec impatience tous les jours : rentrer à la maison, cuisiner et m'asseoir sur le perron, le chien, Azorel, à mes pieds, guettant la nourriture qui tombait. Les repas n'avaient pas besoin d'être originaux pour me réconforter, je ne me faisais souvent que des pâtes à l'ail prêtes en 15 minutes, une simple salade de légumes racines, ou un sachet de nouilles instantanées dans lesquelles j'ajoutais de l'ail, du persil et de la sauce pimentée.

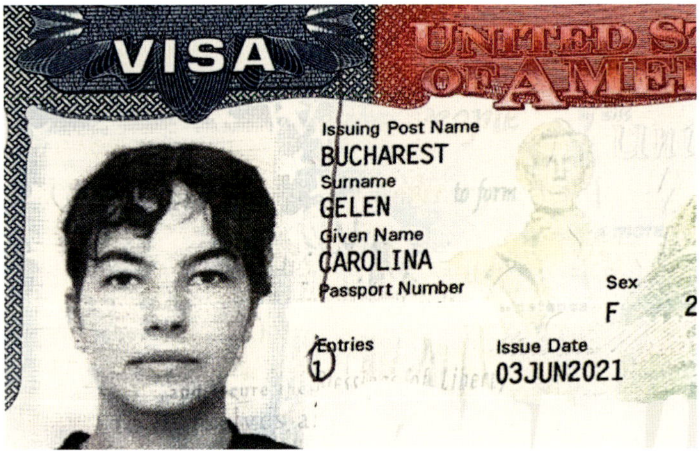

À la fin du semestre, je devais trouver un stage dans la programmation informatique pour avoir mon diplôme. J'habitais encore dans ma ville universitaire et j'ai été embauchée par un constructeur automobile allemand chez qui j'avais pour passionnante mission de programmer des composants de voitures. Je rentrais à la maison chaque soir plus déprimée et n'avais qu'une seule hâte : cuisiner un repas sympa pour le dîner pour me remonter le moral. Je faisais des ragoûts de lentilles, des ramens au poulet, des poulets rôtis, des burgers végétariens qui nécessitaient 16 heures de préparation.

Aux États-Unis, je travaillais dans deux restaurants, 16 heures d'affilée, et je me sentais animée par la passion, alors que faire de la programmation pendant 8 heures m'épuisait et je me sentais vidée à la fin de la journée. Mon corps était peut-être prisonnier de ce stage obligatoire 8 heures par jour, mais mon cœur rêvait de cuisine. C'est à ce moment-là que j'ai commencé à poster régulièrement mes repas sur mon compte Instagram.

Ce n'était pas très réfléchi au départ et puis un jour, alors que je tournais une vidéo d'une simple salade que j'avais préparée pour le déjeuner, une petite lumière s'est allumée et je n'ai dès lors plus confectionné un repas sans le publier sur Internet. Je n'avais aucune connaissance dans le domaine de la création de contenus. J'ai appris toute seule, en faisant des erreurs, et en m'améliorant au fur et à mesure. Je n'aurais jamais cru faire carrière en réalisant des vidéos de cuisine en ligne. J'ai poursuivi par passion et pour la joie que cela me procurait, jusqu'à ce que des gens commencent à s'y intéresser.

Au bout de quelques mois, le responsable des réseaux sociaux du *New York Times Cooking* m'a contactée par email pour me demander si j'aimerais créer quelques vidéos pour leur site. J'étais sous le choc, mais c'était le plus grand compliment qu'on pouvait me faire et j'étais si heureuse. J'avais toujours hâte de créer du contenu pour eux, c'était comme une friandise, je n'avais pas l'impression de travailler.

À peine trois mois plus tard, on m'a proposé de rejoindre l'équipe de création de recettes de Food52. Je me rappelle encore l'excitation que j'avais ressentie la première fois que Food52 avait republié l'une de mes créations, le fait qu'ils me contactent me semblait donc irréel. J'ai évidemment accepté.

C'était la première fois que je me disais : « Je tiens peut-être quelque chose. » Si auparavant je ne pouvais envisager mon avenir dans ce secteur, ces deux incroyables opportunités m'ouvraient de nouvelles portes. Je pourrais peut-être mener une carrière dans un domaine que j'adorais. Je pourrais être rémunérée pour un truc que je fais gratuitement depuis des années ? Je signe où ? À partir de ce moment, j'ai partagé de plus en plus de recettes tout en développant une formidable communauté de fans de cuisine en ligne.

Pour faciliter les choses, j'ai déménagé aux États-Unis en plein Covid, afin de démarrer une nouvelle vie, car mon village de Roumanie était devenu trop petit pour mes ambitions culinaires. Je n'avais jamais envisagé de vivre aux États-Unis ni de quitter mon pays, mais voir les occasions que je manquais uniquement parce que je n'étais pas en Amérique m'a encouragée à franchir le pas.

Je vous raconterai ma procédure d'immigration, qui a pris trois ans, un autre jour, mais je suis très reconnaissante d'être ici et d'avoir tant d'opportunités qui n'existent pas dans ma petite ville natale de Roumanie. Alors que j'écris ces lignes, cela fait presque deux ans que je suis aux États-Unis et je suis toujours fascinée par ce pays. Je suis époustouflée à chaque fois que je pénètre dans une épicerie américaine. Si vous avez grandi ici, vous vous demandez peut-être ce qu'il y a de si fascinant. Commençons par le rayon des chips, dans lequel je m'arrête tout le temps, même quand je n'ai pas besoin de chips. Pour quelqu'un qui n'a eu accès qu'à quatre saveurs de chips environ pendant son enfance — au sel, au fromage, au paprika et *sour cream and onion* —, découvrir une centaine de goûts différents, tels que pickles d'aneth, moutarde ou gâteau d'anniversaire, ne pourra jamais ne pas être fascinant. Je ne me lasserai jamais non plus du confort de pouvoir acheter un sachet de marshmallows blancs nature sans avoir à les faire moi-même, ou de trouver des cranberries au débotté, sans devoir visiter dix magasins différents et appeler quatre personnes à la rescousse.

Ironiquement, alors que la purée de potiron en conserve et la sauce aux canneberges me faisaient défaut quand j'étais en Roumanie, c'est aujourd'hui le pain frais, le vin de petits viticulteurs ou les tomates d'été bien juteuses des marchés de producteurs de mon village qui me manquent. Vivre cette expérience est incroyable et me fait apprécier les petites choses à chaque étape de ma vie !

Je n'arrive pas non plus à croire que je suis en train d'écrire mon premier livre de cuisine. C'est un rêve, que je n'aurais jamais osé faire, qui se réalise. Je suis tellement reconnaissante à toutes les personnes qui ont cru en moi et m'ont aidée à en arriver là.

À ce stade, ma communauté comptabilise presque deux millions de personnes, des millions de vues de mes recettes et des centaines de millions de vues de mes vidéos. Et pourtant, je me souviens encore de la première fois où quelqu'un a refait l'une de mes recettes. Ça n'avait pas l'air réel du tout. Je ne pensais pas que quelqu'un allait lire un jour mes recettes, alors en refaire une ! J'ai sauté sur mon téléphone et relu la recette pour m'assurer que tout était OK. On pourrait croire que cette excitation s'atténue avec le temps. Il n'en est rien : c'est de plus en plus exaltant à chaque fois.

Je ne peux m'expliquer la joie et le frisson que j'ai ressentis à réunir ces recettes dans un livre qui vivra dans votre cuisine et sera là pour vous à chaque occasion. J'apprécie tellement cette aventure et de pouvoir partager avec vous ma passion de la cuisine. J'espère que vous aurez envie d'apporter de la joie à vos proches quand vous ferez mes recettes chez vous.

préparez-vous

Cette page vous permettra de cuisiner sans stress et d'obtenir de bien meilleurs résultats. Lisez-la !

C'est vous qui savez

J'incite toujours les gens à suivre de loin les temps de cuisson des recettes et à se concentrer plutôt sur l'aspect visuel. Si une recette indique de faire sauter une échalote 4 min, jusqu'à ce qu'elle soit translucide et tendre, mais que votre échalote n'a pas l'air dans cet état au bout de 4 min, accordez-lui plus de temps. Idem si elle commence à brûler au bout de 2 min : baissez le feu ou ôtez la poêle du feu. Il y a tant de variables qui entrent en ligne de compte, du modèle de votre cuisinière au matériau de votre poêle, sans oublier l'altitude à laquelle vous cuisinez. C'est pareil avec les fours. Si un aliment est en train de cuire, surveillez-le ! Certains fours sont plus chauds, d'autres restent froids, certains ont un gril plus puissant, certains sont électriques, d'autres au gaz. C'est vous qui connaissez le mieux votre four, faites-vous confiance.

Appropriez-vous les recettes

On me demande souvent la permission de changer des ingrédients dans mes recettes. Vous n'avez pas besoin de mon autorisation, allez-y ! C'est ainsi qu'on apprend à se débrouiller en cuisine. Vous détestez la coriandre ? Utilisez du persil. Vous n'êtes pas fan du cottage cheese ? Essayez la ricotta. Le cumin, ce n'est pas votre truc ? Choisissez une autre épice ou supprimez-le.

Salez tout

Savoir assaisonner les aliments est l'une des compétences primordiales à développer en cuisine. J'ai volontairement laissé la plupart des quantités de sel à votre discrétion. J'aime manger salé, mais si vous voulez réduire votre consommation de sodium, adaptez le dosage. Goûtez et rectifiez l'assaisonnement au fur et à mesure, surtout les soupes et les plats mijotés qui ont toujours besoin de pincées de sel en rab. Je vous encourage à acheter des flocons de sel, ils sont parfaits pour parsemer les plats et apporter de la texture à chaque bouchée. Pour toutes mes recettes, j'utilise du sel kasher Diamond Crystal. Veillez à ajuster les quantités si vous utilisez d'autres marques et types de sel.

Jetez de l'huile sur le feu

Si je devais choisir une seule huile pour cuisiner, ce serait l'huile d'olive vierge extra. Elle est parfaite, je l'adore, 10/10 (ceux qui savent, savent). Elle possède une saveur incroyable, elle s'utilise pour tout et c'est la meilleure pour votre santé. J'en ai toujours dans mon placard.

Quant aux huiles neutres, c'est-à-dire les huiles sans saveur qui n'altèrent pas le goût des plats, j'aime bien l'huile de pépin de raisin, de tournesol ou d'avocat, mais certaines coûtent un peu chères, surtout quand il en faut beaucoup dans un plat : si je fais un gâteau ou une sauce qui requiert de l'huile neutre, j'utilise l'une des huiles mentionnées précédemment, mais si je dois frire des aliments dans un bain d'huile, je prends une huile moins chère, par exemple de colza, d'arachide ou une huile végétale.

La brigade des pâtes

Certains vous encourageront à mettre autant de sel dans l'eau des pâtes que dans l'océan — ce n'est pas trop mon truc. Comme l'eau de cuisson des pâtes joue un rôle important dans la sauce, un excès de sel peut être néfaste. L'eau des pâtes doit être assez salée pour que vous puissiez assaisonner les aliments avec, mais vous devez pouvoir la boire. Deux ou trois grosses pincées de sel dans une grande casserole suffisent amplement.

Citronnez-vous la vie !

Certaines recettes de ce livre utilisent des citrons Meyer entiers. Imaginons que vous n'en trouvez pas, parce qu'il n'y en a pas partout. Dans ce cas, d'autres variétés de citrons (ou d'agrumes) *devraient* faire l'affaire, mais voici quelques caractéristiques à prendre en compte quand vous achetez un citron (ou n'importe quel autre agrume) : vérifiez que le fruit possède une peau fine et lisse, elle ne doit être ni épaisse ni trop poreuse. Pressez délicatement le fruit : il doit s'écraser facilement dans la paume de votre main. Si c'est difficile, changez de fruit. Plus la peau est fine, plus l'agrume est juteux et moins il aura de membranes blanches, et donc d'amertume.

délici-
œufs

Quesadilla aux graines de sésame
et aux épinards pour le petit-déj

Pour 2 personnes | Préparation : 10 min | Cuisson : 15 min | Total : 25 min

Je me prépare hyper souvent des quesadillas œuf-fromage pour le petit-déjeuner, parce que j'ai toujours des tortillas et des œufs dans mon frigo. Je fais cette version aux graines de sésame quand j'ai envie de pimper ma recette de base. Pour moi, c'est le parfait croisement entre un bagel au sésame et aux œufs et une quesadilla. J'adore faire cette recette quand j'ai du monde à la maison, parce qu'il est facile de doubler, tripler, voire quadrupler les quantités. C'est tellement simple et je me délecte d'observer les réactions de mes invités : une première bouchée croquante, puis le fromage filant, enfin les œufs crémeux et les épinards fondants — c'est le paradis des textures !

- 2 gros œufs
- 2 tortillas de blé (de 18 cm)
- 2 cuil. à soupe de graines de sésame
- 80 g de cottage cheese
- sel
- 1 cuil. à soupe d'huile neutre (tournesol ou pépin de raisin)
- 2 bonnes poignées de pousses d'épinards
- 2 gousses d'ail coupées en fines rondelles
- ¼ de cuil. à café de piment d'Alep ou de flocons de piment rouge
- 50 g de mozzarella ou de cheddar râpés
- sauce pimentée, pour le service

Battez les œufs dans un petit saladier. Avec un pinceau à pâtisserie ou vos doigts, badigeonnez légèrement l'une des faces de chaque tortilla d'œuf battu, puis parsemez uniformément de 1 cuil. à soupe de graines de sésame.

Ajoutez le cottage cheese et une pincée de sel dans les œufs et mélangez.

Chauffez l'huile dans une poêle antiadhésive de 20 cm (voir note) à feu moyen. Faites-y cuire les épinards avec une pincée de sel 3 ou 4 min, sans cesser de remuer, jusqu'à ce qu'ils tombent. Ajoutez l'ail et le piment d'Alep, puis poursuivez la cuisson 1 min, jusqu'à ce qu'ils dégagent tous leurs arômes. Versez les œufs dans la poêle et répartissez uniformément les épinards à l'aide d'une spatule en silicone. Laissez cuire 1 ou 2 min, jusqu'à ce que le tour des œufs commence à prendre, le centre doit rester cru et tremblotant.

Posez 1 tortilla sur les œufs, côté graines de sésame sur le dessus. Laissez cuire 3 ou 4 min, jusqu'à ce que les œufs soient bien pris et collent à la tortilla. Retournez le tout avec une spatule. (Vous pouvez aussi utiliser cette méthode : ôtez la poêle du feu et posez une assiette de 22 cm ou plus dessus. Posez la paume de la main sur l'assiette, puis retournez délicatement la poêle afin que les œufs et la tortilla tombent dans l'assiette. Remettez le tout dans la poêle, puis sur le feu.)

Parsemez l'œuf de fromage râpé et posez la deuxième tortilla dessus, côté graines de sésame sur le dessus. Laissez cuire 2 ou 3 min à couvert, jusqu'à ce que les graines de sésame sur le dessous soient dorées et que le fromage soit fondu. Retournez de nouveau la quesadilla et laissez cuire 1 ou 2 min pour que les graines de sésame soient bien grillées.

Coupez en quatre et servez immédiatement avec de la sauce pimentée.

Note : *une poêle antiadhésive est indispensable pour empêcher les graines de sésame de rester collées au fond de la poêle.*

Riz croustillant au ketchup
et œuf au plat

Pour 1 ou 2 personnes | Préparation : 5 min | Cuisson : 15 min | Total : 20 min

Il y a de fortes chances que vous ayez une bouteille de ketchup qui vous fait de l'œil à chaque fois que vous ouvrez votre frigo. Pour éviter de gaspiller le mien, j'ai développé une recette qui me donne envie de l'utiliser : un riz au ketchup croustillant surmonté d'un œuf au plat cuit à la perfection.

L'association ketchup, œuf et riz n'a rien d'innovant. Au Japon, l'*omurice* est un plat populaire composé d'une omelette au ketchup sur du riz frit. Ma recette a ceci de différent que le riz croustillant au ketchup est cuit à la poêle comme un steak : le ketchup sucré caramélise dans la poêle, formant une croûte super crunchy qui rappelle le *tahdig* iranien. On dépose ensuite dessus un œuf au plat au jaune fondant qui va couler dans toutes les aspérités du riz craquant.

120 g de riz blanc cuit la veille
60 g de ketchup
½ cuil. à café d'ail semoule
1 trait de sauce pimentée (facultatif)
sel
45 g de beurre doux
1 ou 2 gros œufs
aneth, coriandre ou persil finement ciselés, pour le service
flocons de sel et poivre noir du moulin

Dans un saladier, mélangez le riz cuit, le ketchup, l'ail semoule, une pincée de sel et éventuellement la sauce pimentée.

Chauffez 15 g de beurre dans une poêle antiadhésive de 20 cm, environ 2 min, à feu moyen, jusqu'à ce qu'il grésille. Ajoutez le riz au ketchup en le tassant bien avec une spatule pour former un disque. Laissez cuire 2 ou 3 min, sans remuer, jusqu'à ce que le dessous soit grillé et croustillant. Jetez un œil sur le dessous pour vérifier que le riz ne brûle pas. Laissez cuire encore 2 à 4 min pour que le dessous soit bien croustillant.

Baissez à feu doux-moyen. À l'aide d'une spatule, retournez délicatement la galette de riz (si elle s'émiette un peu ce n'est pas grave, reformez le disque quand vous l'aurez retournée en tassant les petites miettes). Ajoutez 15 g de beurre dans la poêle. Laissez cuire encore 3 ou 4 min, jusqu'à ce que le dessous soit croustillant et doré. Transférez la galette de riz sur un plat.

Remettez la poêle à feu moyen. Faites chauffer le reste du beurre jusqu'à ce qu'il grésille. Cassez les œufs dans la poêle et salez-les. Faites-les cuire jusqu'à ce que les blancs commencent à prendre, tandis que le pourtour des jaunes reste translucide. Versez 1 cuil. à soupe d'eau sur le côté de la poêle. Couvrez et laissez cuire environ 2 min à la vapeur, jusqu'à ce que les blancs d'œufs soient cuits, mais que les jaunes restent un peu tremblotants. (Prolongez la cuisson si vous préférez que les jaunes soient plus cuits.)

Faites glisser les œufs au plat sur le riz croustillant, parsemez d'herbes et de flocons de sel, donnez un tour de moulin à poivre et servez.

Frittata poireaux-épinards
à la ricotta crémeuse et au pesto

Pour 2 à 4 personnes | Préparation : 20 min | Cuisson : 40 min | Total : 1 h

Avec ses saveurs fraîches et herbacées, cette frittata aux poireaux est une ode au printemps. C'est une recette parfaite pour le petit-déjeuner, surtout pour une grande tablée. Très gourmande avec son fromage crémeux, elle est parsemée d'un pesto rustique peu mixé. Une grande partie des ingrédients peuvent être préparés à l'avance. Vous pouvez couper les poireaux en rondelles et les conserver dans de l'eau froide au réfrigérateur, émincer l'ail, et faire le pesto. Gros avantage, les restes peuvent servir de garniture à de fantastiques sandwiches pour le petit-déjeuner ! Placez une tranche de frittata à l'intérieur d'un petit pain, ajoutez du fromage et faites griller.

Pour le pesto

1 grosse poignée de feuilles de basilic frais

25 g de parmesan râpé

2 cuil. à soupe de graines ou de fruits secs oléagineux (graines de courge ou noix par ex.)

1 gousse d'ail pelée

2 cuil. à soupe d'origan ciselé (facultatif)

6 cl d'huile d'olive vierge extra

sel

Pour la frittata

6 gros œufs

sel

3 cuil. à soupe d'huile d'olive vierge extra

1 gros poireau coupé en deux dans la longueur, bien nettoyé, puis coupé en fines rondelles

1 belle poignée de pousses d'épinards

2 gousses d'ail coupées en fines rondelles

200 g de ricotta au lait entier

Pour le service

quelques petites feuilles de basilic, pour la garniture

flocons de sel et poivre noir du moulin

pain frais

Préparez le pesto : avec un robot de cuisine, mixez le basilic, le parmesan, les graines ou les fruits secs, l'ail et éventuellement l'origan, par courtes pulsations pour broyer un peu tous les ingrédients. Ajoutez l'huile et une pincée de sel, puis mixez de nouveau pour mélanger le tout sans chercher à obtenir une texture lisse.

Préparez la frittata : préchauffez le four à 200 °C (th. 6-7).

Dans un saladier, fouettez énergiquement les œufs avec une grosse pincée de sel, jusqu'à ce qu'ils soient homogènes.

Faites chauffer 2 cuil. à soupe d'huile dans une poêle antiadhésive ou une poêle en fonte culottée de 20 cm, à feu moyen. Faites-y revenir les poireaux avec une pincée de sel 10 à 12 min, en mélangeant fréquemment, jusqu'à ce que les poireaux soient tendres et aient perdu un peu de volume. Ajoutez les épinards et laissez cuire environ 2 min, en les incorporant aux poireaux, jusqu'à ce qu'ils soient tombés. Ajoutez l'ail et poursuivez la cuisson environ 1 min, jusqu'à ce qu'il dégage tous ses arômes. Goûtez et rectifiez l'assaisonnement. Retirez la poêle du feu.

Transférez le contenu de la poêle dans les œufs et mélangez pour bien enrober les légumes. Remettez la poêle à feu moyen et ajoutez le reste de l'huile, puis faites tourner la poêle pour la huiler uniformément. Versez les œufs et les légumes dans la poêle. Faites cuire 5 ou 6 min, jusqu'à ce que le pourtour de la frittata ait pris et se décolle de la poêle. Parsemez de cuillerées de ricotta.

Laissez cuire 10 à 15 min, jusqu'à ce que la frittata soit ferme sur le dessus et ne tremblote plus.

Pour le service : parsemez de cuillerées de pesto et de petites feuilles de basilic. Saupoudrez de flocons de sel et de poivre noir. Coupez la frittata en tranches et servez avec du pain frais.

Gâteau de pommes de terre doré
au saumon fumé et aux œufs pochés

Pour 2 à 4 personnes | Préparation : 25 min | Cuisson : 35 min | Total : 1 h

Visualisez des pommes de terre sautées parfaitement grillées et imaginez-les en version galette hyper croustillante cuite à la poêle. Ça, mes amis, c'est un rösti, le plat national non officiel de la Suisse qui m'a servi d'inspiration pour cette recette de petit-déjeuner. Contrairement à un rösti traditionnel, mon gâteau de pommes de terre est plus épais, plus compact et partiellement cuit au four pour que le centre reste fondant à souhait. Il est garni de graines de fenouil, de poivre noir et d'aneth frais, mais avec subtilité, pour ne pas écraser les pommes de terre et, au contraire, les sublimer. Mais ne nous arrêtons pas là : dès que le « gâteau » sort du four, on le nappe de crème fraîche froide et acidulée, puis on ajoute des lanières de saumon fumé et des œufs pochés.

Pour le gâteau de pommes de terre et les œufs pochés

½ cuil. à café de graines de fenouil

½ cuil. à café de grains de poivre noir

4 ou 5 pommes de terre Yukon Gold (ou autre variété à chair jaune) (soit 600 g environ)

3 ou 4 cuil. à soupe d'aneth frais ciselé

110 g de beurre doux coupé en dés

sel

2 à 4 gros œufs

Pour le service

6 à 12 cl de crème fraîche ou de crème aigre

50 à 100 g de saumon fumé

aneth frais ciselé

flocons de sel et poivre noir du moulin

raifort râpé frais ou en bocal (facultatif)

zeste de citron (facultatif

Préparez le gâteau de pommes de terre : préchauffez le four à 210 °C (th. 7).

Dans un mortier, écrasez grossièrement les graines de fenouil et les grains de poivre, sans les réduire en poudre. (Vous pouvez aussi les mettre dans un sachet ou entre deux serviettes en papier et les écraser avec un rouleau à pâtisserie.)

Brossez et rincez soigneusement les pommes de terre. (Inutile de les peler.) Remplissez un saladier d'eau froide. Râpez les pommes de terre avec une râpe à quatre faces, côté gros trous, en plaçant les pommes de terre dans la hauteur pour obtenir de plus longs « fils », qui seront plus susceptibles de s'amalgamer et donneront au gâteau une meilleure structure. Rincez les pommes de terre râpées dans le saladier d'eau froide et égouttez-les.

Déposez-les sur un torchon propre, refermez le torchon sur les pommes de terre et serrez pour en extraire le plus d'eau possible. Recommencez l'opération, jusqu'à ce qu'il n'y ait plus du tout d'eau. Remettez les pommes de terre dans le saladier vide et ajoutez l'aneth.

Mettez le beurre, les graines de fenouil et les grains de poivre concassés dans une poêle en fonte culottée ou une poêle antiadhésive allant au four de 20 cm. Faites cuire 2 ou 3 min à feu moyen, sans cesser de remuer, jusqu'à ce que le beurre soit fondu et que les épices dégagent tous leurs arômes. Retirez la poêle du feu.

Versez le beurre épicé sur les pommes de terre râpées et salez généreusement. Mélangez pour bien enrober les pommes de terre et l'aneth de beurre.

Remettez la poêle à feu moyen et ajoutez les pommes de terre. Tassez bien à l'aide d'une spatule. Laissez cuire 4 à 7 min, sans remuer, jusqu'à ce que le gâteau de pommes de terre commence à se décoller de la poêle et à devenir translucide.

(suite de la recette)

Enfournez pour 25 à 28 min de cuisson, jusqu'à ce que le dessus du gâteau soit doré. Préchauffez le gril du four. Placez la grille du four à environ 10 cm de la résistance. Faites griller le gâteau de pommes de terre environ 2 min, jusqu'à ce qu'il soit croustillant.

Préparez les œufs pochés. Placez une passoire fine au-dessus d'un saladier. Cassez les œufs un par un dans la passoire pour éliminer l'excédent d'eau. Transférez ensuite les œufs dans un autre saladier, en veillant à ce que les jaunes restent intacts.

Portez une casserole d'eau de taille moyenne à ébullition. Baissez à feu doux pour que l'eau frémisse. Avec une cuillère, faites tourner l'eau pour créer un tourbillon. Déposez délicatement les œufs dans le tourbillon. Laissez frémir 1 min 30 à 2 min, jusqu'à ce que les blancs soient opaques et bien cuits. À l'aide d'une écumoire, égouttez les œufs et tâtez le jaune avec le doigt : pour qu'il soit coulant, il doit être légèrement tremblotant ; le blanc doit être ferme et rebondir sous le doigt. Transférez les œufs sur une assiette.

Pour le service : posez une grande assiette sur la poêle du gâteau de pommes de terre. Retournez délicatement la poêle pour déposer le gâteau sur l'assiette. Déposez des cuillerées de crème fraîche sur le gâteau, puis parsemez de lanières de saumon fumé. Ajoutez les œufs pochés, l'aneth, des flocons de sel, beaucoup de poivre noir et éventuellement du raifort et des zestes de citron.

Œufs frits à la feta et aux courgettes

Pour 2 personnes | Préparation : 5 min | Cuisson : 15 min | Total : 20 min

Dans ma cuisine, je passe beaucoup de temps à imaginer des recettes pour écouler mes stocks de courgettes avant qu'elles pourrissent. Je me suis réveillée un matin avec trois courgettes flapies qui attendaient patiemment que je les remarque et c'est ainsi qu'est né ce plat tout simple à base de courgettes et de feta fondante. J'ai carrément fait une fixette dessus jusqu'à la fin du mois pour le petit-déjeuner et le déjeuner. Alors que la plupart de mes obsessions alimentaires se terminent en aversion, celle-ci a connu une fin plus heureuse. À ce jour, cette recette reste l'une de mes préférées quand la saison des courgettes bat son plein.

3 cuil. à soupe d'huile d'olive vierge extra

450 g de courgettes (2 courgettes de taille moyenne environ), coupées en rondelles de 1,5 cm

sel et poivre noir du moulin

4 gros œufs

50 g de feta émiettée

zeste de citron finement râpé, pour le service

piment d'Alep ou flocons de piment rouge, pour le service

aneth et persil ciselés, pour le service

pain chaud, par ex. de la baguette, du pain au levain ou de la focaccia zéro tracas (page 65)

Faites chauffer l'huile d'olive environ 2 min à feu moyen, dans une poêle en fonte culottée de 25 à 30 cm, jusqu'à ce qu'elle se mette presque à fumer. Disposez les rondelles de courgette dans la poêle en une couche uniforme (quelques rondelles peuvent se chevaucher). Salez, poivrez et laissez cuire 3 ou 4 min, sans remuer, jusqu'à ce que les courgettes soient dorées et légèrement grillées sur le dessous. Retournez les courgettes et poursuivez la cuisson 3 ou 4 min, jusqu'à ce qu'elles soient uniformément dorées et grillées.

Au milieu de la poêle, ménagez un peu de place entre les courgettes pour les œufs. Cassez les œufs dans ces petits « puits », salez-les, poivrez-les, puis laissez cuire 2 ou 3 min, jusqu'à ce que les blancs commencent à prendre.

Parsemez de feta émiettée et couvrez. La vapeur dégagée par les courgettes va cuire les œufs. Laissez cuire 2 à 4 min, jusqu'à ce que les blancs soient cuits et opaques, et que les jaunes soient encore tremblotants au toucher. Retirez la poêle du feu.

Parsemez de zeste de citron, de piment d'Alep ou de flocons de piment, et d'herbes fraîches. Servez avec du pain.

Œufs à la turque
au beurre épicé et au yaourt à l'ail

Pour 2 personnes | Préparation : 10 min | Cuisson : 5 min | Total : 15 min

Ce plat, aussi appelé *çılbır*, est un bol de yaourt à l'ail recouvert d'œufs pochés fondants et d'un beurre brûlant aux épices. C'est parfumé, gourmand et ultra-simple à préparer. Je suis sûre que vous allez faire et refaire sans cesse cette recette. Veillez à bien avoir du pain à disposition. Froid, ce yaourt épais mélangé avec l'œuf chaud et épicé, est un combo magique pour bien commencer la journée.

Pour le yaourt à l'ail

500 g de yaourt à la grecque (voir note)

2 gousses d'ail finement râpées ou émincées

3 cuil. à soupe d'aneth finement ciselé

2 cuil. à soupe de jus de citron

sel

Pour les œufs à la turque

60 g de beurre doux

1 cuil. à café de piment d'Alep ou de flocons de piment rouge

½ cuil. à café de graines de cumin

2 à 4 gros œufs

sel

Pour le service

aneth frais ciselé

flocons de sel

quartiers de citron

pain pita frais ou pain croustillant

Préparez le yaourt à l'ail : dans un saladier, mélangez au fouet le yaourt, l'ail, l'aneth, le jus de citron et une pincée de sel. Répartissez la préparation dans deux assiettes creuses.

Préparez les œufs à la turque : dans une petite casserole, faites chauffer le beurre 2 ou 3 min à feu moyen, jusqu'à ce qu'il grésille. Retirez la casserole du feu. Incorporez le piment d'Alep et les graines de cumin. Réservez.

Cassez les œufs un par un dans une passoire fine pour éliminer l'excédent d'eau. Transférez les œufs dans un petit bol résistant à la chaleur.

Portez une petite casserole d'eau bien salée à ébullition à feu moyen-vif. Baissez à feu doux-moyen pour que l'eau frémisse légèrement. À l'aide d'une cuillère ou d'une spatule, faites tourner l'eau frémissante pour créer un tourbillon. Déposez délicatement les œufs dans le tourbillon et laissez frémir 1 min 30 à 2 min, jusqu'à ce que les blancs soient opaques et bien cuits. À l'aide d'une écumoire, égouttez les œufs et tâtez le jaune avec le doigt : pour qu'il soit coulant, il doit être légèrement tremblotant ; le blanc doit être ferme et rebondir sous le doigt. Déposez les œufs sur le yaourt.

Pour le service : arrosez les œufs de beurre chaud épicé, puis parsemez d'aneth et de flocons de sel. Servez avec des tranches de citron et du pain pita.

Note : *alors que ce plat se prépare traditionnellement avec du yaourt à la turque, le yaourt à la grecque et d'autres yaourts épais égouttés fonctionnent très bien. Si vous trouvez du yaourt à la turque dans votre supermarché, n'hésitez pas !*

Tartine aux tomates grillées
et œuf mollet

Pour 1 personne | Préparation : 5 min | Cuisson : 10 min | Total : 15 min

Ne me dites pas que la perspective suivante ne vous fait pas saliver : des tomates sucrées et grillées qui explosent en bouche, un jaune d'œuf coulant sur du pain grillé, le contraste entre les tomates chaudes et le fromage froid, et la croustillance exquise du pain à l'ail. Ce petit-déjeuner est une expérience totale de la première à la dernière bouchée.

Parlons maintenant du cottage cheese ! J'adore sa texture, surtout quand les petits morceaux de lait caillé sont bien gros, et j'aime son goût crémeux et délicatement lacté. Cela dit, je sais que certaines personnes détestent le cottage cheese ! Ce n'est pas une raison pour ne pas adopter cette recette. Remplacez-le simplement par de la ricotta crémeuse, du labneh acidulé ou du yaourt à la grecque.

1 gros œuf

1 dizaine de tomates cerise

1 cuil. à soupe d'huile d'olive vierge extra, plus un filet

sel

1 tranche épaisse de pain au levain ou autre pain croustillant

1 gousse d'ail (facultatif)

80 g de cottage cheese, de ricotta ou de yaourt à la grecque

poivre noir du moulin

2 cuil. à soupe d'aneth ou de persil finement ciselés

flocons de sel, pour le service

Portez une petite casserole d'eau à ébullition à feu moyen-vif. Déposez délicatement l'œuf dans l'eau bouillante et faites-le cuire 6 ou 7 min pour un jaune coulant ou presque 9 min pour un jaune plus pris. Transférez l'œuf dans un bol d'eau froide pour le refroidir.

Faites chauffer une poêle en fonte de taille moyenne environ 4 min à feu moyen, jusqu'à ce qu'elle commence à fumer. Faites-y griller les tomates dans l'huile d'olive 2 ou 3 min, sans remuer, jusqu'à ce que le dessous soit légèrement brûlé. Secouez délicatement la poêle d'avant en arrière pour faire rouler les tomates. Laissez cuire environ 2 min, jusqu'à ce que la peau des tomates éclate. Retirez la poêle du feu. Salez avec une pincée de sel.

Faites griller le pain à votre convenance. Frottez éventuellement la gousse d'ail coupée sur le pain grillé.

Posez le pain sur une assiette et recouvrez-le de cottage cheese. Parsemez d'une pincée de sel et donnez quelques tours de moulin à poivre. Recouvrez de tomates grillées et arrosez de jus de cuisson des tomates, puis parsemez d'herbes. Écalez l'œuf et posez-le sur les tomates. Coupez l'œuf en deux et laissez le jaune couler sur la tartine. Arrosez d'un filet d'huile d'olive, salez et poivrez.

Tacos pour le p'tit-déj
aux pois chiches épicés croustillants et salsa pimentée

Pour 4 personnes | Préparation : 20 min | Cuisson : 25 min | Total : 45 min

Ne vous laissez pas embrouiller par le titre de cette recette : ce n'est pas parce que ces tacos sont garnis d'œufs brouillés que vous ne pouvez en manger qu'au petit-déjeuner. Ils font un déjeuner assez copieux, voire un dîner express, riche en protéines, qui saura vous rassasier. On a donc des œufs brouillés au cottage cheese, des pois chiches épicés croustillants (c'est addictif !) et une cuillerée de cottage cheese en rab sur chaque tacos. La fraîcheur de la salsa aux oignons nouveaux crée la cohésion entre toutes les saveurs et vous poussera à vous resservir.

Pour les pois chiches épicés

1 boîte de 420 g de pois chiches égouttés et rincés

3 cuil. à soupe d'huile d'olive vierge extra

½ cuil. à café de paprika doux

½ cuil. à café de graines de cumin

sel

Pour la salsa pimentée

2 oignons nouveaux coupés en fines rondelles

1 piment jalapeño coupé en fines rondelles

2 ou 3 cuil. à soupe de coriandre finement ciselée

2 cuil. à soupe d'huile d'olive vierge extra

le zeste râpé et le jus de 1 citron vert

sel

Pour les œufs brouillés

4 gros œufs

120 g de cottage cheese (voir note)

2 cuil. à soupe de beurre doux

sel

Pour l'assemblage

8 petites tortillas de maïs

cottage cheese

sauce pimentée

Préparez les pois chiches épicés croustillants : préchauffez le four à 210 °C (th. 7).

Étalez les pois chiches sur une plaque et essuyez-les avec un torchon pour les sécher. Ajoutez l'huile d'olive, le paprika, les graines de cumin et une pincée de sel, puis mélangez pour bien enrober les pois chiches.

Enfournez pour environ 20 min, en secouant la plaque à mi-cuisson pour faire rouler les pois chiches, jusqu'à ce qu'ils soient croustillants. Laissez refroidir.

Préparez la salsa pimentée aux oignons nouveaux : dans un saladier, mélangez les oignons nouveaux, le piment jalapeño, la coriandre, l'huile d'olive, le zeste et le jus de citron vert, et une pincée de sel. Mélangez.

Préparez les œufs brouillés au cottage cheese : dans un saladier, fouettez énergiquement les œufs et le cottage cheese.

Dans une poêle antiadhésive, faites fondre le beurre 2 ou 3 min à feu moyen, jusqu'à ce qu'il grésille. Versez les œufs dans la poêle et passez une spatule en silicone sur tout le tour de la poêle, en repoussant les œufs cuits vers le centre. Salez avec une pincée de sel. Secouez la poêle pour répartir les œufs encore crus sur le pourtour et répétez l'opération pendant environ 4 min, jusqu'à ce que les œufs soient presque entièrement cuits, mais encore un peu crémeux. Retirez la poêle du feu et couvrez.

Assemblez les tacos : préchauffez le gril du four. Placez la grille du four à environ 10 cm de la résistance.

Étalez les tortillas en une seule couche sur une plaque, en les faisant se chevaucher par endroits si nécessaire. Faites griller les tortillas 3 ou 4 min, jusqu'à ce qu'elles soient chaudes et légèrement brûlées par endroits. Vous pouvez aussi réchauffer les tortillas dans une poêle à sec.

Garnissez chaque tortilla d'une cuillerée d'œufs brouillés, d'un peu de cottage cheese, de salsa pimentée aux oignons nouveaux et de pois chiches épicés croustillants. Arrosez de sauce pimentée et servez aussitôt.

Note : *si vous n'aimez pas trop le cottage cheese, remplacez-le simplement par du yaourt à la grecque ou de la ricotta pour obtenir un résultat similaire.*

Dutch baby pancake
à la crème fouettée au yaourt et fruits rouges marinés

Pour 2 à 4 personnes | Préparation : 20 min | Cuisson : 20 min | Total : 40 min

Proposer une crêpe sucrée géante dans ce chapitre consacré aux œufs peut paraître hors sujet, mais ce Dutch baby pancake moelleux a besoin de beaucoup d'œufs pour être bien gonflé. J'ai beau en avoir préparé des dizaines de fois, je n'arrive jamais à les quitter des yeux pendant la cuisson. Ce pancake gonfle comme un soufflé dans le four, puis le centre croustillant et nappé de sucre s'effondre pour faire de la place pour la star de cette recette : une crème fouettée acidulée recouverte de fruits rouges juteux.

Pour les fruits rouges marinés et la crème fouettée au yaourt

150 g de fruits rouges (framboises, fraises coupées en morceaux ou myrtilles)

1 cuil. à soupe de sucre en poudre

12 cl de crème liquide entière

120 g de yaourt à la grecque

2 cuil. à soupe de sucre glace

Pour le Dutch baby pancake

4 gros œufs

50 g de sucre en poudre, plus 1 cuil. à soupe

12 cl de lait entier

2 cuil. à café d'extrait de vanille

½ cuil. à café de sel

85 g de farine

45 g de beurre doux

Pour le service

sucre glace, pour saupoudrer

feuilles de menthe fraîche, pour la garniture

Préparez les fruits rouges et la crème fouettée au yaourt : dans un saladier, mélangez les fruits rouges et le sucre en poudre. Laissez macérer.

Dans un autre saladier, fouettez la crème liquide au batteur électrique ou à la main, jusqu'à la formation de pics souples. Ajoutez le yaourt et le sucre glace, puis continuez de fouetter jusqu'à ce que les pics soient bien fermes. Placez la crème fouettée au réfrigérateur jusqu'au moment de servir.

Préparez le Dutch baby pancake : placez une grille au milieu du four. Préchauffez le four à 210 °C (th. 7).

Dans un saladier, fouettez les œufs et 50 g de sucre en poudre, jusqu'à ce que le mélange blanchisse. Ajoutez le lait, la vanille et le sel. Fouettez pour les incorporer. Ajoutez la farine et fouettez énergiquement, jusqu'à ce que la pâte soit bien lisse. (Vous pouvez aussi utiliser un blender pour que la pâte soit très lisse.)

Faites fondre le beurre à feu moyen dans une poêle en fonte ou en inox de 20 à 25 cm allant au four. Laissez chauffer 3 ou 4 min, jusqu'à ce qu'il soit très chaud et mousse un peu. Versez rapidement et délicatement la pâte dans la poêle et saupoudrez uniformément du reste de sucre.

Enfournez la poêle pour 17 à 20 min de cuisson, jusqu'à ce que le pancake soit gonflé, mais ferme au toucher, brun doré sur le pourtour et jaune doré au centre. Le pancake va commencer à dégonfler dès la sortie du four. Prévoyez par conséquent de le servir le plus vite possible. (Si c'est impossible, pas de problème, il sera tout aussi bon !)

Pour le service : saupoudrez le Dutch baby pancake de sucre glace et nappez-le de crème fouettée au yaourt et de fruits rouges. Parsemez de feuilles de menthe, coupez en parts et servez chaud.

Salade d'œufs aux herbes,
au citron et aux câpres

Pour 2 à 4 personnes | Préparation : 20 min, plus 30 min de réfrigération | Cuisson : 10 min | Total : 1 h

À mon avis, les sandwiches à la salade d'œufs ont tout pour eux : ils sont crémeux, moelleux et possèdent un bon goût salé d'œufs. Cette recette surfe sur les classiques œufs mayo, mais leur confère des notes acidulées et citronnées qui contrebalancent la richesse des autres ingrédients. Le zeste et le jus de citron, ainsi que les câpres apportent la parfaite dose d'acidité pour réveiller l'ensemble, les oignons nouveaux et les herbes donnent de la fraîcheur et le raifort agit comme une botte secrète qui fait exploser le tout. Si vous mangiez chez moi, je choisirais un pain de seigle grillé pour servir la salade aux œufs, mais un pain de mie moelleux serait mon second choix.

6 gros œufs

60 g de mayonnaise

2 oignons nouveaux finement émincés

2 cuil. à soupe de persil ou d'aneth finement ciselés

1 cuil. à soupe de câpres en saumure égouttées, rincées et émincées

1 cuil. à soupe de moutarde à l'ancienne (facultatif)

le zeste râpé et le jus de ½ citron

1 cuil. à café de raifort fraîchement râpé ou en bocal (facultatif)

sel et poivre noir du moulin

pain grillé ou légèrement frit, pour le service

Remplissez un saladier d'eau et de glaçons.

Portez une casserole d'eau de taille moyenne à ébullition. Déposez délicatement les œufs dans la casserole et laissez bouillir 10 min. À l'aide d'une écumoire, transférez les œufs dans le saladier d'eau glacée et laissez-les refroidir 30 min, jusqu'à ce qu'ils soient bien froids (pas d'œuf chaud dans une salade d'œufs !).

Dans un saladier, mélangez la mayonnaise, les oignons nouveaux, le persil, les câpres, le zeste et le jus de citron, une grosse pincée de sel et éventuellement de la moutarde et du raifort. Donnez plusieurs tours de moulin à poivre.

Écalez les œufs durs et hachez-les grossièrement. Mettez-les dans le saladier avec la sauce et mélangez. Goûtez et rectifiez l'assaisonnement en rajoutant du sel ou du jus de citron si nécessaire.

Servez sur une tranche de pain grillé ou frit, ou faites un sandwich.

pique & croque

Shortbreads au romarin et aux olives

Pour environ 24 shortbreads | Préparation : 30 min, plus 30 min de réfrigération | Cuisson : 35 min | Total : 1 h 35

La mise au point de cette recette m'a offert un pur moment de détente. Je vous conseille de préparer ces shortbreads ne serait-ce que pour l'odeur qui envahira votre cuisine et votre maison. Ils sentent divinement bon ! C'est cent fois mieux que n'importe quelle bougie parfumée que vous pourriez allumer dans votre cuisine. Des olives frites à l'huile infusée au romarin et à l'ail, le mélange des senteurs ne pourrait être plus alléchant. Le résultat final croque sous la dent, puis fond immédiatement en bouche, libérant toutes les saveurs umami que vous avez senties pendant la préparation.

- 130 g d'olives de Kalamata dénoyautées (voir note), égouttées et finement émincées
- 55 g d'huile d'olive vierge extra
- 4 gousses d'ail finement hachées
- 2 brins de romarin, les feuilles finement ciselées
- 250 g de farine
- 2 cuil. à café d'ail semoule
- 1½ cuil. à café de sel (4 g)
- 120 g de beurre doux à température ambiante
- 140 g de fromage (gruyère, parmesan ou cheddar vieux) finement râpé
- 1 gros jaune d'œuf
- 1 cuil. à soupe d'eau glacée

Dans une petite casserole, faites cuire les olives et l'huile environ 15 min à feu moyen, en remuant de temps à autre, jusqu'à ce que les olives prennent une belle couleur violet foncé. (On cherche à faire frire partiellement les olives pour éliminer l'excédent d'humidité.) Retirez la casserole du feu. Incorporez l'ail et le romarin.

Dans un saladier, mélangez au fouet la farine, l'ail semoule et le sel. Ajoutez les olives et mélangez jusqu'à ce que la farine commence à s'agglomérer, un peu comme du sable mouillé. Incorporez le beurre avec les doigts, puis le fromage. Ajoutez le jaune d'œuf et l'eau glacée, puis mélangez jusqu'à ce que la pâte soit homogène.

Recouvrez le plan de travail de film alimentaire. Déposez la pâte sur le film. Avec les mains, formez un boudin de 20 cm de long. Aplatissez-le délicatement sur une épaisseur de 4 cm, une longueur de 23 cm et une largeur d'environ 8 cm. Enveloppez la pâte dans le film alimentaire en serrant bien et entreposez au moins 30 min au réfrigérateur.

Préchauffez le four à 180 °C (th. 6). Tapissez 2 plaques de papier sulfurisé.

Déballez la pâte froide. Procédez rapidement pour que la pâte reste froide. À l'aide d'un couteau ou d'un coupe-pâte, découpez le boudin en 24 rondelles (d'environ 1 cm d'épaisseur). Disposez les shortbreads sur les plaques en les espaçant de 1,5 cm : ils gonflent un peu en cuisant, mais ne s'étalent pas beaucoup. Si vos deux plaques ne rentrent pas dans le four en même temps, réservez la deuxième au réfrigérateur.

Enfournez pour 28 à 35 min de cuisson, jusqu'à ce que les shortbreads soient croustillants et dorés.

Laissez refroidir complètement sur les plaques, puis servez immédiatement ou placez dans un récipient hermétique à température ambiante.

Note : *si cette recette vous intrigue, mais que vous n'aimez pas les olives, utilisez des tomates séchées hachées (la même quantité que les olives, frites de la même manière). Légèrement acidulées, elles donneront une magnifique couleur à la pâte.*

Dip au yaourt et aux poivrons rouges grillés

Pour 4 à 6 personnes | Préparation : 20 min | Cuisson : 10 min | Total : 30 min

Rien ne vaut un assortiment de mezze composé de dips tout simples et de pain frais quand vous avez des invités ! Celui-ci ne me lasse jamais : des poivrons rouges grillés, fumés et bien relevés, déposés sur un lit de yaourt à la grecque onctueux. Le yaourt est indispensable : sa fraîcheur et son petit goût acidulé équilibrent à merveille la sauce pimentée. Le piquant vient des piments jalapeño rouges et vous pouvez ajuster la force en adaptant la quantité de piments ou en enlevant les graines.

Pour les poivrons rouges grillés pimentés

2 poivrons rouges de taille moyenne, coupés en deux et épépinés

2 piments jalapeño ou Fresno rouges coupés en deux

8 cl d'huile d'olive vierge extra, plus un peu si nécessaire

3 cuil. à soupe de vinaigre de riz

3 cuil. à soupe de coriandre ou de persil finement ciselés

3 gousses d'ail pressées ou finement râpées

½ cuil. à café de piment d'Alep ou de flocons de piment rouge

sel

Pour le yaourt

600 g de yaourt à la grecque au lait entier

1 gousse d'ail pressée ou finement râpée

sel et poivre noir du moulin

chips, crackers ou pain croustillant, pour le service

Préparez les poivrons rouges grillés pimentés : placez la grille du four à environ 10 cm de la résistance. Préchauffez le four à 230 °C (th. 7-8).

Disposez les poivrons et les piments sur une plaque, côté coupé sur le dessous. Faites-les griller 8 à 10 min, en vérifiant régulièrement la cuisson, jusqu'à ce qu'ils soient marqués et que leur peau ait cloqué.

Avec une pince, transférez-les dans un saladier. Couvrez avec une assiette ou un couvercle pour empêcher la vapeur de s'échapper. Laissez reposer 10 min. Les poivrons et les piments seront alors plus faciles à éplucher. Pelez-les en pinçant la peau avec les doigts. (Si des lambeaux de peau brûlée restent collés, ce n'est pas grave !)

Hachez finement les poivrons et les piments, et remettez-les dans le saladier. Ajoutez l'huile, le vinaigre, la coriandre, l'ail, le piment d'Alep et une pincée de sel. Mélangez. Goûtez et rectifiez l'assaisonnement si nécessaire.

Préparez le yaourt : dans un petit saladier, mélangez le yaourt, l'ail, une généreuse pincée de sel et donnez plusieurs tours de moulin à poivre.

Étalez le yaourt sur un plat de service, en faisant un puits au centre. Déposez les poivrons et les piments dans le puits, puis répartissez leur jus autour du yaourt. Servez avec des chips, des crackers ou du pain croustillant.

Note : *s'il reste un peu de dip pimenté au fond du plat de service, ne le jetez pas ! Mettez-le au réfrigérateur pour le lendemain et servez-le sur un œuf mollet avec une cuillerée de cottage cheese pour un petit-déjeuner express.*

Dattes fourrées au gruyère
et miel salé au sésame

Pour 4 à 6 personnes | Préparation : 7 min | Cuisson : 3 min | Total : 10 min

Je crois que j'ai trouvé le snack sucré-salé parfait, qui se prépare en dix minutes chrono, idéal quand des copains débarquent à l'improviste. Il s'agit de dattes fourrées au gruyère et nappées de miel au sésame. On a donc de gros morceaux de gruyère au bon goût de noisette calés dans des dattes fondantes comme du caramel, nappées d'une sauce croquante au miel et au sésame. C'est vraiment incroyable ! Je sais que les quantités n'ont pas l'air énormes, mais cette petite bouchée est si gourmande et si consistante qu'il n'en faut pas beaucoup pour couper la faim.

60 g de gruyère

6 dattes Medjool dénoyautées et coupées en deux

3 cuil. à soupe de graines de sésame

3 cuil. à soupe de miel

flocons de sel

Posez le gruyère sur une petite planche à découper. Avec la pointe d'un couteau, cassez le fromage pour obtenir 12 petits morceaux irréguliers. Glissez un morceau de fromage dans chaque demi-datte, en écrasant le tout légèrement pour que le fromage adhère à la chair de la datte.

Faites griller les graines de sésame 2 ou 3 min dans une petite poêle, en secouant régulièrement pour éviter qu'elles ne brûlent, jusqu'à ce qu'elles soient dorées et libèrent tous leurs arômes. Retirez la poêle du feu. Versez le miel dans la poêle et mélangez.

Nappez les dattes fourrées de miel au sésame et parsemez de flocons de sel.

Note : *ces dattes sont également délicieuses tièdes, n'hésitez pas à les préparer à l'avance et à les laisser revenir à température ambiante naturellement. Ou passez-les 15 s au micro-ondes. On ne cherche pas à faire fondre le fromage, juste à le chauffer un peu.*

Longs crackers au cumin

Pour environ 12 grands crackers | Préparation : 15 min | Cuisson : 25 min | Total : 40 min

Est-ce que ça vaut le coup de faire ses crackers ? Je dirais oui si vous ne pouvez pas trouver la même chose dans le commerce, comme ces crackers, et vous allez être surpris par la simplicité de la recette. Ces crackers sont longs et larges, ils sont donc très sympas à casser, à tremper dans un dip, à partager et à manger. Épicés au cumin, ils ont un goût agréablement relevé, fumé et vraiment irrésistible. J'aime utiliser à la fois du cumin moulu et des graines de cumin entières : le cumin moulu parfume la pâte tandis que les graines apportent de la texture et un goût plus puissant. Pour renforcer le goût des épices, faites-les griller dans de l'huile d'olive. Ces crackers se marient à merveille avec le dip au yaourt et aux poivrons rouges grillés pimentés (page 50), le dip d'aubergines pimenté et fumé (page 61) ou le dip à la feta (page 70). Vous pouvez aussi les servir simplement avec un morceau de fromage et des légumes grillés.

250 g de farine, plus un peu pour saupoudrer la pâte

1 cuil. à café de sel

½ cuil. à café de levure chimique

6 cl d'huile d'olive vierge extra, plus un peu pour badigeonner la pâte

1 cuil. à soupe de graines de cumin

1 cuil. à soupe de cumin moulu

12 cl d'eau tiède

flocons de sel, pour parsemer les crackers

Préchauffez le four à 200 °C (th. 6-7). Tapissez une ou deux plaques de papier sulfurisé.

Dans un saladier, mélangez au fouet la farine avec le sel et la levure chimique.

Dans une petite casserole, mélangez l'huile d'olive, les graines de cumin et le cumin moulu. Faites chauffer 7 ou 8 min à feu doux-moyen, en mélangeant régulièrement, jusqu'à ce que les épices dégagent tous leurs arômes et soient grillées. Retirez la casserole du feu.

Versez l'huile épicée sur les ingrédients secs, en raclant bien pour mettre toutes les graines de cumin dans le saladier. Mélangez à l'aide d'une spatule en silicone ou d'une cuillère en bois. Ajoutez l'eau et mélangez jusqu'à obtention d'une pâte homogène. Pétrissez-la rapidement si nécessaire.

Étalez une grande feuille de papier sulfurisé sur le plan de travail. Avec les mains, abaissez la pâte en un rectangle plat. Posez-la au centre du papier sulfurisé et saupoudrez-la légèrement de farine. Avec un rouleau à pâtisserie fariné, étalez la pâte aussi finement que possible, en conservant une forme rectangulaire. La pâte étalée doit mesurer environ 30 x 40 cm sur 1 à 3 mm d'épaisseur.

À l'aide d'une roulette à pizza ou d'un couteau, taillez les bords de la pâte pour obtenir un rectangle bien net. Réservez les chutes. Coupez la pâte en deux dans la longueur et la largeur pour obtenir quatre rectangles plus petits. Recoupez chaque rectangle dans la longueur, en trois longues bandes (d'environ 5 x 20 cm). Disposez les bandes de pâte sur la plaque, en les espaçant d'environ 1 ou 2 cm. (Si vous n'avez pas assez de place, faites une deuxième fournée, en ajoutant les chutes.)

Versez quelques cuillerées à soupe d'huile dans un bol. Avec un pinceau à pâtisserie, badigeonnez le dessus des crackers d'huile. Parsemez-les de flocons de sel.

Enfournez pour 12 à 15 min de cuisson, jusqu'à ce que les crackers soient gonflés par endroits, plus dorés sur le pourtour et croustillants au toucher. Laissez refroidir et répétez l'opération avec le reste de la pâte.

Crostini à la ricotta, à la tomate et à l'ail

Pour 6 à 8 personnes | Préparation : 20 min | Cuisson : 10 min | Total : 30 min

Le *pan con tomate* est un délice espagnol qui nous montre que les ingrédients les plus simples peuvent donner les résultats les plus savoureux. Des tomates râpées, puis assaisonnées, déposées sur du pain frit à l'huile d'olive, parfois surmontées d'un filet d'anchois — je pourrais en manger tout l'été.

J'ai décidé de bousculer un peu ce snack idéal en déposant mes tomates râpées sur un nuage de ricotta fouettée. Ce fromage est crémeux, léger et doux, ce qui en fait un accompagnement parfait pour les tomates. C'est un apéritif fantastique et hyper simple.

- 3 tomates de taille moyenne (environ 450 g)
- 2 gousses d'ail finement râpées ou pressées
- sel
- 250 g de ricotta au lait entier
- 125 g de crème fraîche
- 450 g de baguette ou de ciabatta
- huile d'olive vierge extra, pour arroser les crostini
- 130 g d'olives de Kalamata dénoyautées et coupées en deux
- flocons de sel, pour saupoudrer les crostini

Préchauffez le four à 210 °C (th. 7). Tapissez une plaque de papier sulfurisé.

Coupez les tomates en deux. Râpez les tomates dans un saladier en utilisant les gros trous d'une râpe à quatre faces, côté coupé des tomates contre la lame. (Il ne vous restera que la peau à la fin, j'aime bien la saler et la manger aussitôt.) Ajoutez l'ail et une grosse pincée de sel, puis mélangez.

Mixez la ricotta 1 ou 2 min au robot de cuisine, jusqu'à ce qu'elle soit bien lisse. Ajoutez la crème fraîche et une pincée de sel, puis mixez encore 20 à 30 s. Transférez la préparation dans un saladier et réservez au réfrigérateur le temps de préparer les crostini.

Coupez le pain en tranches de 1,5 cm d'épaisseur et posez-les sur la plaque. Arrosez-les généreusement d'huile d'olive. Enfournez pour 6 à 8 min de cuisson, jusqu'à ce que le pain soit doré et croustillant.

À l'aide d'une passoire fine, égouttez les tomates râpées pour éliminer le maximum de liquide.

Déposez une cuillerée de ricotta fouettée sur chaque crostini et faites un puits au centre avec le dos de la cuillère. Ajoutez une cuillerée de tomates râpées bien au centre, puis ½ olive et arrosez d'un filet d'huile d'olive. Parsemez d'un peu de flocons de sel. Servez immédiatement.

Note : *pour gagner du temps, préparez les différents éléments jusqu'à 2 jours à l'avance et assemblez le crostini au moment de servir pour que le pain reste croustillant.*

Torsades au beurre de noix de pécan

Pour 4 à 6 personnes | Préparation : 25 min, plus 50 min de réfrigération | Cuisson : 25 min | Total : 1 h 40

Alors que la plupart des recettes de ce chapitre sont salées, j'ai quand même voulu vous proposer quelques snacks sucrés. Ces torsades gourmandes au beurre de noix de pécan sont une friandise idéale à poser sur la table quand vous avez du monde pour le petit-déjeuner, ou pour accompagner du fromage et du vin. Il est difficile de résister au beurre de noix de pécan, mais si vous n'êtes pas fan de ce fruit sec, utilisez-en un autre, par exemple des amandes, des noix ou des pistaches. Trempez ces torsades dans du café ou du thé pour vous régaler dès le matin.

- 220 g de noix de pécan finement hachées
- 60 g de beurre doux
- 150 g de sucre de canne brun
- 6 cl de rhum ou d'eau
- ½ cuil. à café de sel
- 15 g de farine, plus un peu pour saupoudrer le plan de travail
- 220 g de pâte feuilletée bien froide
- dorure à l'œuf (facultatif) : 1 gros œuf battu avec 1 cuil. à soupe d'eau

Note : *quand vous allez sortir vos torsades du four, vous aurez l'impression d'avoir tout raté car la garniture aura coulé sur la plaque — ne paniquez pas, elle va durcir en refroidissant.*

Dans une poêle de taille moyenne, faites griller les noix de pécan 5 ou 6 min à feu moyen, en remuant de temps à autre, jusqu'à ce qu'elles dégagent tous leurs arômes. Ajoutez le beurre et faites cuire 2 ou 3 min, sans cesser de mélanger, jusqu'à ce que le beurre soit fondu et que les noix de pécan soient bien enrobées. Retirez la poêle du feu.

Ajoutez le sucre de canne, le rhum ou l'eau, et le sel. Mélangez pour bien enrober les noix de pécan. Ajoutez la farine et mélangez de nouveau. Laissez refroidir complètement (de 15 à 20 min).

Tapissez deux plaques de papier sulfurisé. Farinez le plan de travail. En procédant rapidement pour que la pâte feuilletée reste froide, abaissez-la en un rectangle de 40 x 25 cm. Avec les mains ou une spatule, étalez le beurre de noix de pécan froid sur la moitié de la pâte dans la longueur. Pliez la pâte en deux pour recouvrir les noix de pécan. Pressez avec la paume de la main pour sceller le tout. Saupoudrez de farine et étalez la pâte pliée en un rectangle de 48 x 17 cm, jusqu'à ce que les noix de pécan commencent à sortir. Recoupez l'excédent de pâte sur les côtés. (Saupoudrez les chutes de sucre et faites-les cuire avec les torsades, c'est le snack du cuistot !)

Si vous faites la dorure, badigeonnez le dessus de la pâte fourrée avec le doigt ou un pinceau. Avec un couteau ou une roulette à pâtisserie, découpez le rectangle dans la longueur en bandes de 2,5 cm de large. Torsadez chaque bande 4 à 6 fois pour faire ressortir les noix de pécan. Déposez les torsades sur les plaques en les espaçant de 1,5 cm.

Couvrez et laissez reposer 30 min au réfrigérateur, voire une nuit. Cela aide la garniture à rester à l'intérieur des torsades pour que le résultat soit plus propre. Vous pouvez les faire cuire sans attendre si vous préférez et la garniture qui sortira des torsades formera une délicieuse bordure grillée.

Pendant ce temps, placez une grille au centre du four. Préchauffez le four à 200 °C (th. 6-7).

Enfournez pour 15 à 18 min de cuisson, jusqu'à ce que les torsades soient légèrement gonflées, dorées et croustillantes au toucher. Décollez les torsades de la plaque et laissez-les refroidir complètement jusqu'à ce qu'elles aient durci (voir note). Au moment de servir, coupez les torsades en deux ou laissez-les telles quelles et laissez vos convives les casser en deux. Les torsades se conservent jusqu'à 3 jours dans un récipient hermétique à température ambiante.

Dip d'aubergines pimenté et fumé

Pour 4 à 6 personnes | Préparation : 10 min | Cuisson : 1 h | Total : 1 h 10

Ma mère prépare ce dip tout au long de l'été : des aubergines grillées mijotées avec des tomates épicées à l'ail. Elle l'appelle la « salade d'aubergine zéro-mayo » et, même si ça a plus de sens en roumain, entre nous, ça reste assez nul comme nom. Mais le goût ! Il rattrape tout. L'aubergine grillée me ramène en enfance, pendant les longues journées d'été. Comme j'ai grandi dans un petit appartement, les arômes envahissaient tout l'espace en quelques minutes. Cette odeur agissait comme un détonateur, et à partir de là, deux tâches m'étaient assignées : peler l'aubergine, la hacher et la passer à ma mère. C'était l'une des premières fois que l'on m'autorisait à utiliser un couteau de cuisine. Quelle aventure !

Servez ce dip avec les longs crackers au cumin (page 54) ou la focaccia zéro tracas (page 65).

- 1 aubergine (d'environ 450 g)
- 3 cuil. à soupe d'huile d'olive vierge extra, plus un filet
- 2 échalotes moyennes finement hachées
- 4 gousses d'ail finement hachées
- 1 cuil. à café de paprika doux
- 1 cuil. à café de cumin moulu
- ½ cuil. à café de poivre noir du moulin
- ¼ de cuil. à café de piment de Cayenne, plus un peu à votre convenance
- 1 boîte de 420 g de tomates entières pelées
- sel
- 2 ou 3 cuil. à soupe de persil ciselé (facultatif), plus un peu pour parsemer
- 120 g de yaourt à la grecque
- crackers ou pain chaud

Faites chauffer une poêle en fonte à sec à feu moyen, jusqu'à ce qu'elle fume. Posez l'aubergine entière dans la poêle. Laissez la peau griller 5 min, elle doit passer du violet brillant au marron foncé mat. Retournez l'aubergine avec une pince et répétez l'opération sur l'autre face. Continuez de faire griller l'aubergine et de la retourner pendant environ 40 min en tout, jusqu'à ce que la peau soit brûlée et qu'elle se détache presque toute seule. La chair doit être bien tendre. N'hésitez pas à prolonger la cuisson si nécessaire. Transférez l'aubergine dans une assiette.

Pelez l'aubergine dès qu'elle est assez froide pour être manipulée. Placez l'aubergine pelée dans une passoire dans l'évier. Le fait d'égoutter le jus va éliminer une partie de l'amertume. Laissez-la dans la passoire le temps de préparer les autres ingrédients.

Dans une casserole de taille moyenne, chauffez l'huile d'olive à feu moyen. Faites-y revenir les échalotes 3 ou 4 min, jusqu'à ce qu'elles soient translucides et tendres. Ajoutez l'ail, le paprika, le cumin, le poivre noir et le piment de Cayenne. Faites revenir 1 ou 2 min, jusqu'à ce que les épices dégagent tous leurs arômes. Ajoutez délicatement les tomates, en les écrasant avec les mains avant de les mettre dans la casserole, ou avec le dos d'une cuillère en bois, tout en mélangeant.

Posez l'aubergine sur une planche à découper et hachez-la finement. Ajoutez-la dans la casserole et salez généreusement. Portez à frémissement et faites cuire 15 à 20 min, en remuant de temps à autre, jusqu'à ce qu'une partie du liquide se soit évaporée. Incorporez éventuellement le persil, puis goûtez et rectifiez l'assaisonnement. Retirez la casserole du feu.

Étalez le dip dans une assiette creuse. Ajoutez une cuillerée de yaourt. Arrosez d'un filet d'huile d'olive, parsemez éventuellement de persil et rajoutez une pincée de piment de Cayenne si vous le souhaitez. Servez avec des crackers ou du pain chaud.

Borekas feuilletés aux épinards
et aux artichauts

Pour 18 borekas | Préparation : 30 min | Cuisson : 25 min | Total : 55 min

Et si, au lieu de servir votre dip épinards-artichauts préféré dans un bol, vous pouviez emprisonner ce délice fondant dans des chaussons en pâte feuilletée pur beurre ? Cette recette, c'est exactement ça ! Pour les Juifs séfarades, les borekas sont les équivalents des bagels des Juifs ashkénazes. Les borekas ou bourekas sont une variante des böreks, sortes de feuilletés d'origine turque que l'on retrouve au Moyen-Orient et dans les pays du bassin méditerranéen, d'Asie centrale et des Balkans. Les borekas israéliens se préparent avec de la pâte feuilletée, des feuilles de brick ou de la pâte filo et sont fourrés avec diverses garnitures : fromage, pommes de terre, épinards, viande, voire des préparations sucrées. Ils sont parfaits en guise de snacks, pour l'apéritif ou pour le déjeuner.

300 g d'épinards hachés surgelés, décongelés

1 bocal de 400 g de cœurs d'artichaut égouttés et hachés

110 g de feta émiettée

50 g de cheddar vieux râpé

75 g de cream cheese

2 gousses d'ail finement râpées ou pressées

sel

farine, pour le plan de travail

450 g de pâte feuilletée bien froide

dorure à l'œuf : 1 gros œuf battu avec 1 cuil. à soupe d'eau

3 cuil. à soupe de graines de sésame (facultatif)

Préchauffez le four à 200 °C (th. 6-7). Tapissez deux plaques de papier sulfurisé.

Essorez les épinards entre les mains pour en extraire le maximum de liquide. Mettez-les dans un saladier avec les artichauts, la feta, le cheddar, le cream cheese et l'ail. Mélangez bien. La feta est souvent assez salée pour assaisonner la préparation. Goûtez et ne salez que si cela est nécessaire.

Farinez le plan de travail. Coupez la pâte feuilletée en deux pour travailler avec deux pâtons de 225 g. Enveloppez un des deux pâtons dans du film alimentaire et entreposez-le au réfrigérateur jusqu'au moment de l'utiliser.

En procédant rapidement pour que la pâte reste froide, abaissez le pâton en un carré de 30 cm. Badigeonnez uniformément la pâte d'une fine couche de dorure. À l'aide d'un couteau ou d'une roulette à pizza, divisez le grand carré en neuf carrés de 10 cm.

Déposez 1 cuil. à soupe de farce sur l'un des côtés de chaque carré : chaque carré va être plié en triangle le long de sa diagonale, il faut donc placer la farce sur l'un des côtés de la diagonale. Répétez l'opération avec le reste des carrés de pâte. Vous allez utiliser environ la moitié de la farce.

Pliez chaque carré en deux le long de la diagonale, en tassant délicatement la farce pour qu'elle prenne une forme triangulaire. Écrasez le tour de la pâte pour enfermer la farce et scellez avec les doigts ou une fourchette (voir note). Si vous souhaitez obtenir un triangle parfait, recoupez l'excédent de pâte avec un couteau ou une roulette à pizza. Badigeonnez légèrement le dessus de chaque triangle de dorure. Parsemez-les éventuellement de graines de sésame.

Enfournez pour 25 à 28 min de cuisson, jusqu'à ce que les borekas soient bien brillants sur le dessus et dorés sur le dessous.

Répétez l'opération avec le deuxième pâton et le reste de la farce. Servez chaud.

Note : *vous pouvez congeler les borekas crus, dès qu'ils ont été farcis. Badigeonnez les borekas encore congelés de dorure, puis enfournez-les aussitôt pour 30 min de cuisson environ, jusqu'à ce qu'ils soient dorés et gonflés.*

Focaccia zéro tracas

Pour 1 focaccia de 23 x 33 cm | Préparation : 30 min, plus 10 h de levée | Cuisson : 40 min | Total : 11 h 10

Même si c'est toujours un honneur et un vrai plaisir de recevoir des amis, la semaine avant que je prenne mon vol en aller simple pour les États-Unis, j'ai eu du mal à suivre ma routine de réception habituelle. Alors que j'essayais de faire rentrer ma vie dans une valise pour déménager sur un autre continent, j'ai trouvé la solution parfaite pour organiser des dîners d'adieu sept jours d'affilée : la focaccia !

J'ai préparé une énorme quantité de pâte au début de la semaine que j'ai conservée au réfrigérateur. Chaque jour, j'en sortais un gros morceau que je faisais lever avant l'arrivée de mes invités. La saveur de la levure se développait de jour en jour, jusqu'à devenir irrésistible. J'enfournais ma focaccia dès que mes amis débarquaient et je la servais avec de l'huile d'olive et du vinaigre, des tomates anciennes (mélangées avec de l'ail, du basilic, de l'huile et du sel), un dip au yaourt, du vin blanc et de la crème glacée. Un dîner très simple, sans chichi, mais qui avait l'air d'être un peu sophistiqué et que tout le monde appréciait. Depuis, j'associe toujours les arômes de la focaccia sortant du four au goût doux-amer de l'immigration.

- 45 cl d'eau tiède
- 1 cuil. à café (4 g) de levure sèche active
- 8 cuil. à soupe d'huile d'olive vierge extra, plus un peu si nécessaire
- 500 g de farine
- 10 g de sel
- flocons de sel, pour parsemer la focaccia

Dans un saladier, mélangez l'eau et la levure. Laissez reposer 5 min, jusqu'à ce que la levure se dissolve et que l'eau soit trouble.

Incorporez 2 cuil. à soupe d'huile d'olive. Ajoutez la farine et le sel, puis mélangez avec les mains huilées ou une fourchette, en vérifiant bien le fond du saladier pour qu'il ne reste pas de farine. La pâte sera pleine de grumeaux et très collante. Versez 1 cuil. à soupe d'huile dessus, couvrez avec du film alimentaire ou un couvercle, et laissez reposer au moins 8 h et jusqu'à 72 h au réfrigérateur.

Versez 2 cuil. à soupe d'huile d'olive dans un plat à four (de préférence métallique, voir note page 66). Étalez l'huile en une couche uniforme sur le fond et les parois du moule. Transférez la pâte dans le moule. Avec les mains huilées, étalez la pâte en une couche uniforme de manière à couvrir presque tout le

(suite de la recette)

fond du moule. Couvrez de film alimentaire ou de papier sulfurisé, puis faites lever environ 2 h dans un endroit chaud, jusqu'à ce que la pâte ait doublé de volume. Le temps de levée dépend de la chaleur de la pièce. Comme la pâte est froide au départ, surveillez plutôt son volume que le minuteur.

Préchauffez le four à 200 °C (th. 6-7).

Arrosez la pâte levée du reste d'huile d'olive (3 cuil. à soupe). Avec les mains huilées, faites des creux dans la pâte en enfonçant délicatement les doigts dedans, en faisant des mouvements de haut en bas. Parsemez généreusement de flocons de sel.

Enfournez pour 35 à 40 min de cuisson, jusqu'à ce que la focaccia soit dorée et croustillante. Si elle brunit trop vite par endroits, couvez-la de papier d'aluminium et poursuivez la cuisson.

Laissez-la refroidir au moins 15 min avant de la couper en tranches, puis servez.

Notes :

- *Le plus agréable quand on fait de la focaccia — à part le moment où l'on fait des creux dans la pâte —, c'est de jouer avec les toppings. Amusez-vous : vous pouvez la parsemer d'épices, de graines, de fruits secs, de fruits et de légumes avant de l'enfourner.*
- *Pour la cuisson, évitez les plats en céramique ou en verre, sinon le dessous de la focaccia ne sera pas aussi croustillant.*

Tarte feuilletée au fromage
et blettes citronnées

Pour 6 à 8 personnes | Préparation : 30 min | Cuisson : 25 min | Total : 55 min

À voir le nombre de recettes qui utilisent de la pâte feuilletée prête à l'emploi dans ce livre, vous devez penser que j'en ai en permanence au moins cinq paquets d'avance dans mon congélateur — et vous auriez raison. Dans cette recette, nous allons prendre notre pâte feuilletée bien-aimée et la transformer en base pour une tarte au fromage. La garniture faite de blettes citronnées est légèrement sucrée, un peu amère, c'est l'accompagnement parfait pour la crème au fromage. J'aime bien la servir en apéritif avant un bon repas ou la couper en morceaux pour la manger au petit-déjeuner.

Pour la garniture aux blettes citronnées

6 grandes côtes de blette avec les tiges et les feuilles (environ 1 bouquet ou 300 g) (voir note)

6 cl d'huile d'olive vierge extra

sel

6 gousses d'ail émincées

½ cuil. à café de piment d'Alep ou de flocons de piment rouge

2 cuil. à café de zeste de citron râpé

2 cuil. à soupe de jus de citron

Pour la tarte feuilletée au fromage

farine, pour le plan de travail

225 g de pâte feuilletée bien froide

1 gros œuf

75 g de mozzarella râpée

50 g de gruyère râpé

125 g de ricotta au lait entier

50 g de crème fraîche ou de crème aigre

sel

Pour le service

piment d'Alep ou flocons de piment rouge

zeste de citron

flocons de sel

Préparez la garniture aux blettes citronnées : séparez les feuilles des côtes, puis hachez finement les deux, en les gardant séparées.

Chauffez l'huile à feu moyen dans une poêle de taille moyenne. Faites-y revenir les côtes de blette avec une pincée de sel 5 ou 6 min, jusqu'à ce qu'elles soient visiblement plus tendres et qu'elles aient perdu un peu de leur couleur. Ajoutez les feuilles et laissez cuire environ 2 min, jusqu'à ce qu'elles tombent. Ajoutez l'ail, le piment d'Alep et le zeste et le jus de citron, puis poursuivez la cuisson 2 min, sans cesser de remuer, jusqu'à ce que les ingrédients dégagent tous leurs arômes. Goûtez et rectifiez l'assaisonnement si nécessaire. Retirez la poêle du feu et laissez refroidir.

Préparez la tarte au fromage : préchauffez le four à 200 °C (th. 6-7). Tapissez une plaque de papier sulfurisé.

Farinez légèrement le plan de travail et abaissez la pâte feuilletée en un rectangle d'environ 23 x 33 cm et d'une épaisseur de 3 mm. Si nécessaire, rectifiez les bordures à l'aide d'un couteau ou d'une roulette à pâtisserie. Entaillez le pourtour de la pâte avec la pointe d'un couteau à 2,5 cm du bord, sans découper entièrement la pâte. Transférez la pâte sur la plaque et piquez toute la surface du rectangle intérieur avec une fourchette (cela aidera le centre à cuire tout en laissant la bordure gonfler).

Cassez et fouettez l'œuf dans un saladier. Badigeonnez-en légèrement le pourtour de pâte avec un pinceau à pâtisserie ou vos doigts. Placez la plaque au réfrigérateur, le temps de préparer la garniture au fromage.

Ajoutez la mozzarella, le gruyère, la ricotta, la crème fraîche et une grosse pincée de sel dans le saladier contenant l'œuf battu. Mélangez.

Note : *vous n'aimez pas trop les blettes ou vous n'en trouvez pas ? Utilisez 300 g de légumes-feuilles ou autres légumes de saison, par exemple du kale, du brocoli-rave, des épinards, des artichauts ou des poivrons de toutes les couleurs.*

(suite de la recette)

Prélevez quelques cuillerées de garniture aux blettes et étalez-la sur le rectangle intérieur de pâte à l'aide d'une spatule en silicone pour faire une couche uniforme. Versez la préparation au fromage sur les blettes, à l'intérieur de la bordure, et étalez-la uniformément avec une spatule. Répartissez le reste des blettes sur le fromage.

Enfournez pour 25 à 30 min de cuisson, jusqu'à ce que le dessous de la tarte ait l'air doré et croustillant. Vous pouvez la soulever délicatement avec une spatule pour vérifier. Si la pâte est encore humide, prolongez la cuisson. Si elle est dorée et feuilletée, elle est prête. Si le fromage déborde sur le pourtour en fondant, ne stressez pas, ce n'est pas grave du tout ! Si la pâte brunit trop vite sur le pourtour, couvrez de papier d'aluminium sans trop serrer pour la fin de la cuisson.

Pour le service : laissez refroidir 5 min, puis parsemez de piment d'Alep, de zeste de citron et de flocons de sel. Coupez en tranches et servez.

Dip à la feta fouettée,
au céleri croquant et à la menthe

Pour 4 à 6 personnes | Préparation : 15 min | Total : 15 min

La feta, je ne m'en lasse pas ! Si vous prenez le temps de la fouetter avec un peu de crème liquide froide, vous obtiendrez ce dip aérien, bien salé et facile à étaler. Le topping au céleri garde son croquant sur la durée. Il est légèrement sucré, un peu vinaigré, et offre donc un contraste bienvenu à ce dip crémeux. C'est un snack idéal pour une soirée jeux de société, un apéritif sympa à grignoter avant le dîner ou un accompagnement parfait pour votre vin préféré.

Pour le topping céleri-menthe

6 branches de céleri coupées en fines rondelles

3 cuil. à soupe de menthe finement ciselée

sel

1 piment jalapeño de taille moyenne, coupé en fines rondelles (facultatif)

6 cl d'huile d'olive vierge extra

2 cuil. à soupe de vinaigre de riz

1 cuil. à soupe de sucre

2 gousses d'ail finement hachées

Pour la feta fouettée

2 cuil. à café de grains de poivre noir

275 g de feta émiettée

20 cl de crème liquide entière, plus un peu si nécessaire (voir note)

sel

pita frais, chips, longs crackers au cumin (page 54), pour le service

Préparez le topping céleri-menthe : dans un petit saladier, mélangez le céleri, la menthe, une grosse pincée de sel et éventuellement le piment jalapeño. Mélangez en massant avec les mains environ 1 min, jusqu'à ce que le céleri et la menthe s'attendrissent. Ajoutez l'huile d'olive, le vinaigre, le sucre et l'ail. Mélangez. Goûtez et rectifiez l'assaisonnement si nécessaire.

Préparez la feta fouettée : concassez grossièrement les grains de poivre au robot de cuisine en quelques pulsations. Ajoutez la feta et la crème, puis mixez environ 2 min, jusqu'à ce que la préparation soit lisse et crémeuse. Goûtez et rectifiez l'assaisonnement si nécessaire, en gardant en tête que la feta est un fromage plutôt salé. Vous pouvez quand même ajouter du sel si vous le souhaitez. Rajoutez un peu de crème si vous voulez diluer la préparation.

Transférez la feta fouettée dans une assiette creuse et faites un puits au centre. Déposez le topping dans le puits. Servez avec des pitas, des chips ou des crackers au cumin.

Note : *les paquets de feta contiennent plus ou moins d'eau, n'hésitez pas à ajuster la quantité de crème liquide en conséquence.*

Tartine d'oignons confits

Pour 8 à 12 personnes | Préparation : 15 min | Cuisson : 30 min | Total : 45 min

Pain à l'ail par-ci, pain à l'ail par-là, d'accord, mais avez-vous déjà goûté le pain aux oignons ? Imaginez des couches fondantes d'oignon jaune finement émincé au beurre et aux herbes parfumées. Le tout confit au four et crée une sorte de confiture, tandis que le jus des oignons et le beurre imprègnent le pain croustillant. C'est une recette de snack imparable pour satisfaire une grande assemblée : découpez les tartines en bandes pour que chaque convive puisse en prendre une bouchée bien chaude. Servez cette tartine seule ou accompagnée de votre sauce préférée, une sauce marinara, par exemple, ou d'autres dips.

1 gros oignon jaune (environ 225 g) épluché

sel

120 g de beurre doux à température ambiante

3 cuil. à soupe de persil finement ciselé

3 gousses d'ail finement râpées ou pressées

¼ de cuil. à café de piment d'Alep ou de flocons de piment rouge

450 g de pain croustillant, par ex. de la ciabatta ou du pain au levain

Préchauffez le four à 200 °C (th. 6-7). Tapissez une plaque de papier sulfurisé.

Coupez l'oignon en deux dans la hauteur. Avec une mandoline ou un couteau affûté, coupez les deux moitiés de l'oignon en très fines rondelles, de moins de 3 mm. Mettez-les dans un saladier et ajoutez une grosse pincée de sel. Faites pénétrer le sel en massant bien. Les rondelles d'oignon, croquantes au départ, vont ramollir et devenir juteuses. Ajoutez le beurre, le persil, l'ail et le piment d'Alep. Mélangez bien. Goûtez et salez davantage si nécessaire.

Coupez le pain en deux à l'horizontale, comme pour faire un sandwich géant. Posez le pain sur la plaque, côté coupé sur le dessus, et tartinez-le de beurre à l'oignon en faisant une couche épaisse.

Enfournez pour 30 à 35 min de cuisson, jusqu'à ce que les oignons aient l'air très fondants et que le pain soit bien parfumé. Préchauffez le gril du four. Placez la grille du four à environ 10 cm de la résistance. Faites griller les tartines 3 ou 4 min, jusqu'à ce que les oignons soient légèrement brûlés.

Coupez en tranches et servez chaud.

le plein de protéines

Poulet à l'ail et aux perles de couscous

Pour 4 à 6 personnes | Préparation : 15 min | Cuisson : 1 h | Total : 1 h 15

Alors que la plupart des gens ont mangé du poulet au riz toute leur enfance, chez moi, on servait le poulet avec des perles de couscous. Ce plat qui se prépare dans une seule cocotte est mon interprétation d'une recette que ma mère faisait quand nous recevions des amis un peu difficiles. Les morceaux de poulet sont saisis jusqu'à ce que leur peau soit dorée et croustillante, les perles de couscous sont ensuite grillées dans la graisse rendue par la viande. On ajoute alors l'ingrédient secret — du bouillon de poulet pour cette saveur inimitable de soupe de poulet — puis on enfourne la cocotte. Pour terminer, on ajoute une sauce aux herbes d'un vert appétissant pour la note de fraîcheur.

Pour le poulet à l'ail et aux perles de couscous

4 à 6 cuisses de poulet avec la peau (environ 750 g à 900 g en tout)

sel et poivre noir du moulin

3 cuil. à soupe d'huile neutre (tournesol ou pépin de raisin)

2 échalotes de taille moyenne coupées en fines rondelles

300 g de perles de couscous (ou ptitim) ou d'orzo

15 gousses d'ail légèrement écrasées et pelées

1 cube de bouillon de poulet ou 2 cuil. à café de bouillon de poulet en poudre

Pour le topping à l'aneth

5 cuil. à soupe d'aneth ciselé

60 g de câpres en saumure égouttées, rincées et finement émincées

3 cuil. à soupe d'huile d'olive vierge extra

2 cuil. à soupe de vinaigre de riz ou de cidre

3 gousses d'ail finement râpées ou pressées

1 cuil. à café de flocons de piment rouge, plus un peu si nécessaire

sel et poivre noir du moulin

Préparez le poulet à l'ail et aux perles de couscous : préchauffez le four à 210 °C (th. 7).

Essuyez les cuisses de poulet avec du papier absorbant. Salez-les et poivrez-les généreusement.

Faites chauffer 1 cuil. à soupe d'huile dans une cocotte en fonte de 30 cm, ou toute cocotte allant au four, à feu moyen. Déposez le poulet, côté peau sur le dessous, dans la cocotte, et faites-le griller 6 à 8 min, jusqu'à ce que la peau soit dorée et croustillante. Si la peau du poulet reste collée à la cocotte quand vous essayez de le retourner, il faut juste la laisser griller plus longtemps. Retournez les cuisses et faites-les cuire encore 4 ou 5 min. Transférez-les dans un plat.

Mettez les 2 cuil. à soupe d'huile restantes et les échalotes dans la cocotte chaude et faites-les cuire environ 2 min, jusqu'à ce que les échalotes commencent à devenir tendres. Ajoutez les perles de couscous et poursuivez la cuisson 4 ou 5 min, en remuant de temps à autre, jusqu'à ce qu'elles dégagent une bonne odeur de grillé et qu'elles aient pris une belle couleur brune. Ajoutez 75 cl d'eau, l'ail, le bouillon de poulet et 1 bonne pincée de sel. Posez les cuisses de poulet sur les perles de couscous, côté peau croustillante sur le dessus. Augmentez à feu moyen-vif et portez à frémissement. Retirez la cocotte du feu.

Couvrez la cocotte chaude avec du papier d'aluminium en pinçant le pourtour pour créer une bordure hermétique. Enfournez pour 30 à 35 min de cuisson, jusqu'à ce que presque tout le liquide ait été absorbé.

Pendant ce temps, préparez le topping à l'aneth : dans un bol, mélangez l'aneth, les câpres, l'huile, le vinaigre, l'ail et les flocons de piment. Salez et poivrez.

Ôtez le papier d'aluminium de la cocotte et remettez au four 5 min. Préchauffez le gril du four. Placez la grille du four à environ 10 cm de la résistance. Faites griller 2 ou 3 min, jusqu'à ce que la peau du poulet soit croustillante. Sortez la cocotte du four. Récupérez les gousses d'ail et écrasez-les sur les cuisses de poulet grillées.

Répartissez le topping à l'aneth sur tout le plat et servez immédiatement.

Kebabs épicés
à la sauce à la menthe et à l'ananas

Pour 4 personnes | Préparation : 15 min | Cuisson : 15 min | Total : 30 min

La viande hachée est l'une des sources de protéine les moins chères et les plus polyvalentes qui soit. J'en ai toujours dans mon congélateur, prête à être décongelée pour un dîner improvisé, comme ces kebabs. Si vous n'en avez jamais fait, vous êtes peut-être intimidés par la tâche. Rassurez-vous : c'est aussi simple à faire qu'un burger. Si vous réussissez à tasser de la viande sur une pique à brochette et à la faire griller quelques minutes, votre dîner est prêt.

Bon, de l'ananas sur une pizza, c'est controversé, mais de l'ananas avec de la viande ? Cela apporte la dose parfaite d'acidité et de sucre pour contrebalancer le côté gras du bœuf ou de l'agneau. Faire griller l'ananas pendant que le jus de la viande épicée des kebabs coule dessus va parfumer le fruit, l'attendrir et le rendre encore plus exquis. On nappe ensuite le tout d'une sauce à la menthe, dont l'arôme frais, tranché et l'agréable amertume se marient à la perfection avec l'agneau et le bœuf.

Pour les kebabs

1 petit ananas

450 g de viande de bœuf (à 20 % de MG) ou d'agneau hachée

4 gousses d'ail pressées ou finement râpées

3 cuil. à soupe de persil finement ciselé

1 cuil. à café de cumin moulu

½ cuil. à café de paprika doux

¼ de cuil. à café de cannelle moulue

¼ de cuil. à café de curcuma moulu

¼ de cuil. à café de piment de Cayenne

sel

Pour la sauce à la menthe

1 bouquet de menthe fraîche finement ciselée

4 gousses d'ail pressées ou finement râpées

2 petites échalotes coupées en fines rondelles

le zeste râpé et le jus de 2 citrons verts

sel

12 cl d'huile d'olive vierge extra

pitas chauds, pour le service

Préparez les kebabs : préchauffez le four à 210 °C (th. 7).

Pelez et évidez l'ananas, puis coupez-en la moitié en 6 à 8 longues tranches (grignotez le reste). Placez les morceaux d'ananas dans un plat de 23 x 33 cm.

Dans un saladier, malaxez la viande avec l'ail, le persil, le cumin, le paprika, la cannelle, le curcuma, le piment de Cayenne et une pincée de sel, avec les mains ou une spatule en silicone, juste assez pour tout mélanger.

Divisez la préparation en six portions. Mouillez votre main dominante avec un peu d'eau et prenez une portion de viande. Posez une pique métallique ou en bois (de 25 cm) (voir note) sur la viande et formez progressivement, avec la main mouillée, une sorte de saucisse de 18 à 22 cm autour de la pique. Posez la pique en travers du plat, de sorte que la viande soit en suspension au-dessus de l'ananas. Répétez l'opération jusqu'à épuisement de la viande.

Enfournez pour 8 à 10 min de cuisson, jusqu'à ce que la viande soit cuite à cœur et embaume la pièce.

Préchauffez le gril du four. Placez la grille du four à environ 10 cm de la résistance. Faites griller les brochettes 2 ou 3 min, jusqu'à ce qu'elles aient légèrement caramélisé. Laissez refroidir quelques minutes.

Préparez la sauce à la menthe : dans un bol, mélangez la menthe, l'ail, les échalotes, le zeste et le jus de citron vert, et une pincée de sel, en écrasant l'ail et les échalotes avec le dos de la cuillère au fur et à mesure. Ajoutez l'huile et mélangez de nouveau. Goûtez et rectifiez l'assaisonnement si nécessaire.

Au moment de servir, faites glisser la viande des piques et posez-les sur les pitas chauds. Ajoutez une tranche d'ananas grillé et arrosez d'un peu de jus de cuisson. Nappez de sauce à la menthe et servez.

Note : *si vous n'avez pas de piques à brochette, façonnez la viande à la main en forme de saucisses et posez-les directement dans le plat, sur les tranches d'ananas. Retournez-les délicatement à mi-cuisson.*

Escalopes de poulet panées
à la gremolata aux citrons caramélisés

Pour 4 à 6 personnes | Préparation : 40 min, plus 20 min de réfrigération | Cuisson : 15 min | Total : 1 h 15

La magie opère quand on prend n'importe quel morceau de viande, qu'on l'enrobe de chapelure et qu'on le fait frire. C'est juteux et chaud à l'intérieur, doré et croustillant à l'extérieur. C'est simplissime et pourtant, chaque bouchée procure un plaisir intense. Les escalopes panées sont souvent servies avec une tranche de citron. Je vais un cran au-dessus avec une gremolata, sorte de persillade italienne, aux citrons caramélisés. En grillant, les citrons développent une véritable complexité. Ils deviennent légèrement plus sucrés et un peu moins amers.

Pour le poulet mariné

6 blancs de poulet sans la peau (environ 1,3 kg)

2 cuil. à café de sel

1 cuil. à café de poivre noir

¼ de cuil. à café de piment de Cayenne

½ cube de bouillon de poulet émietté ou ½ cuil. à café de bouillon en poudre (facultatif)

1 cuil. à soupe de sauce pimentée (facultatif)

Pour la gremolata aux citrons

4 petits citrons Meyer (page 21)

4 cuil. à soupe d'huile d'olive vierge extra, plus un peu si nécessaire

1 petit bouquet de persil ciselé

3 oignons nouveaux coupés en fines rondelles

3 gousses d'ail râpées

2 piments serrano en fines rondelles

sel

Pour les escalopes panées

270 g de farine

1 cuil. à café de sel

3 gros œufs

½ cuil. à café de poivre noir

sauce pimentée (facultatif)

150 g de chapelure panko

30 g de graines de sésame

huile neutre, pour la friture

flocons de sel

Faites mariner le poulet : essuyez les blancs de poulet avec du papier absorbant. Coupez chaque blanc de poulet en deux dans la longueur pour créer deux fines escalopes. Recoupez chaque escalope en deux, en biais, dans la largeur (voir note).

Mettez une partie de la viande dans un sac congélation zippé. Posez le sac sur une planche à découper et aplatissez chaque escalope à l'aide d'un rouleau à pâtisserie sur une épaisseur d'environ 6 mm. Posez les escalopes obtenues sur une plaque et répétez l'opération avec le reste de la viande.

Dans un bol, mélangez le sel, le poivre, le piment de Cayenne et éventuellement le cube de bouillon de poulet émietté. Enrobez uniformément les escalopes de poulet de ce mélange. Arrosez-les éventuellement de sauce pimentée. Laissez mariner 15 à 20 min à température ambiante, ou jusqu'à 8 heures au réfrigérateur.

Préparez la gremolata aux citrons caramélisés : brossez délicatement les citrons Meyer sous l'eau courante chaude. À l'aide d'un couteau tranchant, coupez les extrémités de 2 citrons. (Vous utiliserez ces petits morceaux plus tard.) Coupez les citrons en rondelles aussi fines que possible, environ 3 mm.

Dans une grande poêle, faites chauffer 2 cuil. à soupe d'huile à feu moyen. Déposez délicatement la moitié des rondelles de citron dans la poêle et faites-les griller 5 à 7 min, sans remuer, jusqu'à ce qu'elles soient ambrées et caramélisées. Avec une pince, retournez délicatement les rondelles de citron et continuez de les faire griller. La deuxième face grille en moins de temps : comptez 3 à 5 min, mais surveillez attentivement la poêle car les sucres naturels brûlent assez rapidement. Transférez les rondelles de citron grillées sur la planche. Versez le reste de l'huile dans la poêle et répétez l'opération avec le reste des rondelles de citron. Transférez les rondelles grillées sur la planche.

Note : *cette recette ne produit pas d'immenses escalopes ouvertes en crapaudine. Cette méthode de découpe est un hommage à ma mère qui a l'habitude de faire un maximum de parts dans un blanc de poulet. Je me rappellerai toujours la pile de petites escalopes panées qui nous attendaient à la table du repas.*

(suite de la recette)

Coupez les 2 citrons restants en deux (comme si vous vouliez les presser). Faites-les griller à la poêle, jusqu'à ce qu'ils présentent des traces de brûlure. Retirez la poêle du feu et réservez les demi-citrons pour le service.

Frottez la poêle avec l'un des petits bouts de citron réservés au départ, côté coupé sur le dessous, afin de décoller tous les petits morceaux de citron caramélisés. Utilisez une spatule pour bien tout gratter et versez le jus et l'huile dans un bol. Hachez les rondelles de citron grillées en une pâte grossière, puis mettez-les dans le bol avec le persil, les oignons nouveaux, l'ail, les piments et une grosse pincée de sel. Goûtez et rectifiez l'assaisonnement en rajoutant du sel, du jus de citron ou de l'huile d'olive si nécessaire.

Faites cuire les escalopes : préparez trois assiettes creuses pour réaliser la panure. Dans la première, mélangez la farine et ½ cuil. à café de sel. Dans la deuxième, fouettez les œufs, le reste du sel, le poivre noir et éventuellement un trait de sauce pimentée. Dans la troisième, mélangez la chapelure panko et les graines de sésame.

Une par une, roulez les escalopes dans la farine, puis passez-les dans l'œuf battu et enrobez-les enfin de panko au sésame, en pressant bien pour que la panure soit uniforme. Transférez sur une plaque ou une assiette et répétez l'opération avec toutes les escalopes.

Tapissez une plaque de papier absorbant et posez une grille dessus. Versez 2,5 cm d'huile dans une grande sauteuse à bords hauts et chauffez à 190 °C à feu moyen-vif.

Faites frire chaque escalope 3 ou 4 min sur chaque face, jusqu'à ce qu'elle soit bien dorée et croustillante, en baissant le feu si nécessaire. Transférez les escalopes grillées sur la grille et parsemez-les de flocons de sel. Répétez l'opération avec les autres escalopes.

Servez les escalopes panées immédiatement en les recouvrant de gremolata aux citrons et en les arrosant du jus des demi-citrons grillés.

Poulet crémeux au beurre de cacahuètes

comme un mafé

Pour 4 à 6 personnes | Préparation : 15 min | Cuisson : 1 h 10 | Total : 1 h 25

Le poulet mafé, sorte de ragoût de poulet crémeux originaire d'Afrique de l'Ouest, se sert traditionnellement dans un grand plat accompagné de céréales, de légumes-racines et de gros morceaux de chou. J'ai découvert ce plat grâce au chef Pierre Thiam. Sa version avait l'air si irrésistible que je l'ai refaite le soir même. Depuis, c'est devenu l'une de mes recettes préférées quand je reçois beaucoup de monde.

Ma variante s'inspire de la recette classique, mais la rend encore plus facile à servir : je râpe finement les légumes et je les fais cuire directement dans le ragoût au gingembre. Je remplace aussi les morceaux de viande non désossées par des cuisses de poulet coupées en cubes, mais pour retrouver la saveur réconfortante du bouillon d'os, j'ajoute un cube de bouillon de poulet.

3 cuil. à soupe d'huile neutre (tournesol ou pépin de raisin)

450 g de cuisses de poulet désossées, sans la peau, coupées en dés de 2,5 cm

sel et poivre noir du moulin

1 oignon jaune finement émincé

6 gousses d'ail finement hachées

2,5 cm de gingembre frais râpé, soit environ 1½ cuil. à soupe

1 piment rouge Fresno coupé en fines rondelles, plus un peu pour le service

1 cuil. à café de flocons de piment rouge

2 cuil. à soupe de concentré de tomates

1 cube de bouillon de poulet ou 2 cuil. à café de bouillon de poulet en poudre

120 g de beurre de cacahuètes crémeux, 100 % naturel ou non (voir note)

¼ d'un petit chou vert coupé en fines lamelles

1 pomme de terre Yukon Gold (ou autre variété à chair jaune) grossièrement râpée

1 carotte de taille moyenne râpée

riz cuit chaud, pour le service

coriandre fraîche (facultatif)

Dans une grande casserole, faites chauffer 1 cuil. à soupe d'huile à feu moyen-vif. Ajoutez le poulet, salez-le et poivrez-le généreusement. Faites-le cuire 10 à 12 min, en remuant de temps à autre, jusqu'à ce qu'il soit uniformément doré.

Repoussez le poulet sur un côté de la casserole et versez le reste de l'huile. Faites-y revenir l'oignon 5 ou 6 min, en mélangeant de temps à autre, jusqu'à ce qu'il soit tendre et translucide. Si le fond de la casserole commence à prendre, déglacez avec un trait d'eau. Mélangez les oignons cuits et le poulet.

Ajoutez l'ail, le gingembre, le piment frais et les flocons de piment. Laissez cuire environ 2 min, jusqu'à ce qu'ils dégagent tous leurs arômes. Ajoutez le concentré de tomates et laissez cuire 2 ou 3 min, jusqu'à ce qu'il soit rouge foncé. Déglacez avec un peu d'eau si nécessaire pour éviter qu'il ne brûle. Ajoutez 75 cl d'eau, le bouillon de poulet et une bonne pincée de sel. Portez à ébullition, baissez à feu doux-moyen et laissez mijoter 10 min.

Dans un saladier résistant à la chaleur, délayez le beurre de cacahuètes dans environ 6 cl de bouillon chaud. Fouettez jusqu'à ce que le mélange soit homogène. Répétez l'opération trois fois, en ajoutant 6 cl de bouillon chaud à chaque fois et en émulsionnant bien le tout. Versez progressivement le beurre de cacahuètes dilué dans la casserole sans cesser de remuer. Laissez mijoter le tout encore 20 min, en mélangeant de temps à autre.

Ajoutez le chou, la pomme de terre et les carottes. Laissez mijoter 10 à 15 min, jusqu'à ce que le chou soit tendre. Goûtez et rectifiez l'assaisonnement en rajoutant du sel ou des flocons de piment si nécessaire.

Servez le plat chaud avec du riz et parsemez éventuellement de rondelles de piment rouge et de coriandre.

Note : *le beurre de cacahuètes 100 % naturel possède un goût plus authentique que le beurre de cacahuètes transformé dont le goût est plus sucré et qui produit une meilleure émulsion. Les deux conviennent, donc utilisez ce que vous avez à votre disposition ! Si votre sauce se sépare, incorporez 1 cuil. à soupe de fécule de maïs diluée dans un peu d'eau.*

Poulet rôti au poivre et au citron
et pommes de terre grillées

Pour 4 à 6 personnes | Préparation : 35 min | Cuisson : 1 h | Total : 1 h 35

Ce livre n'aurait pas été complet sans une époustouflante recette de poulet rôti. Que vous prépariez un repas pour une grande tablée ou un dîner pour deux, il est difficile de se tromper avec un délicieux poulet rôti. Je voulais partager avec vous une version de l'inoubliable poulet de ma mère. Son secret ? Elle assaisonne le poulet avec un cube de bouillon émietté pour une saveur bien prononcée. Pour le reste, on va au plus simple : un peu de curcuma pour son irrésistible couleur jaune, des grains de poivre croquants et piquants, et un tout petit peu d'ail.

Si vous faites cuire un poulet entier, glissez quelques légumes en dessous pour qu'ils absorbent tous les sucs de cuisson. Nous faisons aussi griller quelques pommes de terre à côté de notre volaille, tandis que des morceaux de citron fondent dans la graisse de la viande. Votre cuisine va sentir atrocement bon !

Pour les pommes de terre à la graisse de viande

650 g de petites pommes de terre à chair jaune, coupées en deux

1 gros oignon jaune coupé en huit

2 petits citrons Meyer ou classiques (page 21), coupés en huit, sans les pépins

2 cuil. à soupe d'huile d'olive vierge extra

½ cuil. à soupe de poivre noir grossièrement concassé

sel

Pour le poulet rôti

1 poulet entier (de 1,5 à 1,8 kg)

sel

5 cuil. à soupe d'huile d'olive vierge extra

1 cuil. à soupe de bouillon de poulet en poudre ou 1 cube de bouillon de poulet émietté

2 cuil. à café de poivre noir grossièrement concassé

6 gousses d'ail pressées ou finement râpées

1 cuil. à café de curcuma moulu

Préchauffez le four à 210 °C (th. 7).

Préparez les pommes de terre : dans un plat de 23 x 33 cm, mélangez les pommes de terre, l'oignon, les citrons, l'huile d'olive, le poivre concassé et une grosse pincée de sel. Mélangez pour bien enrober tous les ingrédients d'huile. Placez les citrons au centre du plat, en les glissant sous les pommes de terre pour qu'ils restent couverts et absorbent bien le gras de la viande.

Ouvrez le poulet en crapaudine : ce n'est pas la plus jolie chose que vous ferez dans votre cuisine, mais ça en vaut la peine. Enlevez la tête et les abats (s'il y en a) (vous pouvez les faire griller maintenant ou les congeler pour les utiliser dans un bouillon), puis essuyez le poulet avec du papier absorbant.

Placez le poulet, côté poitrine sur le dessous, sur une grande planche à découper, croupion face à vous. Avec des ciseaux à volaille et un peu d'huile de coude, découpez le côté droit, le long de la colonne, jusqu'au cou. Découpez ensuite le côté gauche, le long de la colonne, et enlevez complètement la colonne (vous pouvez la faire griller maintenant ou la congeler avec les abats pour faire un bouillon).

Retournez le poulet en écartant les ailes et les cuisses. Placez la paume des mains au milieu du poulet. Invoquez votre chiropracteur intérieur et écrasez le bréchet : appuyez jusqu'à ce que vous entendiez un craquement et que le poulet se soit aplati. Écartez les cuisses sur les côtés du poulet, en retirant l'excédent de peau si nécessaire. Avec un couteau à parer ou une pique à brochette, piquez toute la peau du poulet pour que la graisse coule uniformément.

En plaçant la main en hauteur, salez généreusement les deux côtés du poulet. Posez le poulet sur les pommes de terre, côté peau sur le dessous, côté ouvert sur le dessus, et réservez le temps de préparer les marinades.

(suite de la recette)

Dans un bol, mélangez 3 cuil. à soupe d'huile d'olive, le bouillon de poulet et le poivre noir concassé. Dans un autre bol, mélangez les 2 dernières cuil. à soupe d'huile d'olive, l'ail et le curcuma.

Badigeonnez un peu d'huile bouillon/poivre sur l'intérieur du poulet, en réservant la majeure partie pour l'autre côté. Retournez le poulet, côté peau sur le dessus, et badigeonnez toute la peau du reste d'huile bouillon/poivre. Tournez et coincez la pointe des ailes sous les blancs, pour les empêcher de brûler. Faites sortir les cuisses de poulet afin qu'elles ne soient pas coincées sous les blancs.

Enfournez le poulet pour 20 à 25 min de cuisson, jusqu'à ce que la peau soit légèrement dorée, mais pas encore croustillante. Sortez le poulet du four et badigeonnez-le d'huile ail/curcuma. Arrosez le poulet avec le jus et les graisses de cuisson. Remettez-le au four pour 10 à 15 min. La peau doit avoir l'air croustillante et légèrement brûlée. Couvrez le poulet de papier d'aluminium sans trop serrer et poursuivez la cuisson de 10 à 20 min, selon la taille du poulet, jusqu'à ce que sa température interne atteigne 75 °C.

Sortez le poulet du four et laissez-le reposer 10 à 15 min. Coupez le poulet et transférez-le sur un plat de service. Parsemez-le des morceaux de citron fondants. (Vous pouvez aussi hacher les morceaux de citron et les mélanger avec le jus de cuisson avant d'en napper le poulet.) Servez avec les pommes de terre grillées et l'oignon.

Note : *vous cherchez des recettes pour utiliser les restes de ce poulet rôti ? Essayez ma soupe de poulet aux champignons et au miso (page 172).*

Ailes de poulet aigres-douces

Pour 4 personnes | Préparation : 10 min | Cuisson : 50 min | Total : 1 h

J'ai toujours trouvé que les ailes de poulet nappées de sauce étaient un truc hyper américain. Avant de m'installer aux US, je n'avais mangé que des ailes de poulet grillées, éventuellement accompagnées de moutarde, mais jamais enrobées de sauce. Je me rappelle que la première fois que j'ai goûté des ailes de poulet aux États-Unis, mes amis américains ont été choqués par la façon dont j'avais nettoyé les os. Apparemment, certains parents ne harcèlent pas leurs enfants pour qu'ils mangent vraiment toute la viande sur les os — ça doit être chouette ! Je me souviens aussi que quand j'étais petite, les adultes vérifiaient toujours nos assiettes et terminaient la viande qu'on avait laissée sur les os tout en hochant la tête d'un air désapprobateur. C'est une méthode comme une autre pour apprendre aux enfants à ne pas gaspiller la nourriture !

Les ailes de poulet sont souvent considérées comme un apéritif, mais chez moi, elles constituent un plat principal. Cette recette est prévue pour quatre personnes en apéritif ou deux en dîner. Ces ailes de poulet sont bien salées, très savoureuses et aillées, il est difficile de se retenir.

Pour les ailes de poulet

1,3 kg d'ailes de poulet (pilons séparés)

1 cuil. à soupe de levure chimique

sel

6 cl d'huile neutre (tournesol ou pépin de raisin)

Pour la sauce aigre-douce

2 cuil. à café de piment d'Alep ou de flocons de piment rouge

120 g de miel

60 g de sauce pimentée, plus un peu si nécessaire

2 cuil. à soupe de sauce soja, plus un peu si nécessaire

6 à 10 gousses d'ail finement râpées ou hachées

4 cuil. à soupe de ciboulette ciselée, pour le service

Préparez les ailes de poulet : préchauffez le four à 210 °C (th. 7). Tapissez une plaque de papier sulfurisé.

Essuyez soigneusement les ailes avec du papier absorbant. Mettez-les dans un saladier, puis ajoutez la levure et une grosse pincée de sel. Mélangez bien. Ajoutez l'huile et mélangez de nouveau pour bien enrober les ailes. Étalez uniformément les ailes de poulet sur la plaque en les espaçant un peu.

Enfournez les ailes pour 45 à 50 min de cuisson, jusqu'à ce qu'elles soient croustillantes et qu'il y ait quelques cloques sur leur peau grillée.

Transférez les ailes dans un saladier, en laissant la graisse de cuisson sur la plaque.

Préparez la sauce aigre-douce : versez la graisse de la plaque dans une casserole de taille moyenne (voir note). Ajoutez le piment d'Alep et faites chauffer de 30 s à 1 min à feu moyen, jusqu'à ce que la graisse devienne orange. Ajoutez le miel, la sauce pimentée et la sauce soja. Laissez cuire 4 ou 5 min, jusqu'à ce que la sauce ait épaissi. Retirez la casserole du feu et ajoutez l'ail. Mélangez pendant environ 1 min, jusqu'à ce que l'ail dégage tous ses arômes.

Mettez les ailes de poulet dans la sauce et mélangez pour bien les napper. Goûtez et rajoutez de la sauce pimentée ou de la sauce soja si vous le souhaitez. Parsemez de ciboulette et servez aussitôt.

Note : *les ailes de poulet seront mises dans cette casserole ensuite. Choisissez la taille en conséquence.*

Sans me vanter, le meilleur plat de côtes du monde

Pour 4 personnes | Préparation : 20 min | Cuisson : 3 h 40 | Total : 4 h

Un plat de côtes magnifiquement persillé cuit à la perfection, niché dans un bouillon épicé riche en légumes avec des pruneaux et du vin rouge, mijoté lentement jusqu'à ce que la chair se détache des os — vous m'en direz des nouvelles ! Les pruneaux sont ma botte secrète dans ce délicieux plat mijoté. Pendant le séchage qui transforme la prune en pruneau, le fruit développe un goût sucré concentré, mais subtil, une texture proche de la confiture et des notes chocolatées. Cette saveur incroyable infuse le ragoût et enrobe la viande fondante d'une sauce gourmande d'une belle couleur bordeaux. J'aime bien faire deviner l'ingrédient mystère à mes invités et personne pour le moment n'a trouvé la réponse sans indice. Remplacez les pruneaux par des abricots secs ou des dattes, pour un résultat similaire.

Ce plat est délicieux avec des pappardelles ou juste du pain frais et une salade verte.

- 2 cuil. à soupe d'huile neutre (tournesol ou pépin de raisin)
- 1,3 kg de plat de côtes
- sel
- 3 carottes de taille moyenne coupées en morceaux de 3 cm
- 12 branches de céleri (environ 1 bouquet) coupées en morceaux
- 5 échalotes de taille moyenne grossièrement émincées
- 3 cuil. à soupe de concentré de tomates
- 1 cuil. à soupe de grains de poivre noir
- 1 cuil. à soupe de graines de cumin
- 2 cuil. à café de graines de coriandre
- ½ cuil. à café de piment de Cayenne
- 75 cl de vin rouge
- 400 g de pruneaux
- 2 petites têtes d'ail, le dessus coupé, avec la racine
- 1 bâton de cannelle (facultatif)
- persil ou ciboulette ciselés, pour le service

Préchauffez le four à 180 °C (th. 6).

Faites chauffer l'huile dans une grande cocotte ou un faitout à fond épais allant au four, à feu moyen. Salez généreusement et uniformément la viande. En faisant plusieurs tournées, saisissez la viande 3 ou 4 min sur toutes les faces, jusqu'à ce qu'elle ait développé une croûte marron foncé. Transférez-la sur un plat.

Dans la même cocotte, faites revenir les carottes, le céleri et les échalotes avec une grosse pincée de sel 20 à 25 min, à feu moyen-vif, en mélangeant de temps à autre, jusqu'à ce que les légumes soient tendres et aient perdu un peu de leur couleur. Si le fond de la cocotte commence à prendre, déglacez avec un trait d'eau.

Ajoutez le concentré de tomates, les grains de poivre, les graines de cumin et de coriandre, et le piment de Cayenne. Mélangez pour bien enrober les légumes. Faites cuire 4 à 6 min, en remuant régulièrement, jusqu'à ce que le concentré de tomates ait pris une couleur bordeaux. Ajoutez le vin, les pruneaux, les têtes d'ail, 75 cl d'eau, une grosse pincée de sel et éventuellement le bâton de cannelle. Avec une pince, ajoutez la viande en l'immergeant dans le liquide.

Couvrez et enfournez pour 3 h de cuisson. La viande va devenir super tendre et devrait se détacher facilement des os.

À la fin de la cuisson, transférez délicatement la viande sur une assiette avec une pince. Placez une passoire fine au-dessus d'un saladier. Filtrez le jus de cuisson pour éliminer les légumes et les épices entières. Vous devriez obtenir une sauce brune onctueuse (voir note).

Versez la sauce sur la viande, parsemez d'herbes fraîches et servez.

Note : *j'aime ma sauce telle quelle, mais si vous la préférez plus épaisse, faites-la réduire 8 à 10 min à la casserole à feu moyen.*

Chou farci facile dans un moule

Pour 6 à 8 personnes | Préparation : 25 min | Cuisson : 2 h 30 | Total : 2 h 55

Si, comme moi, vous avez mangé du chou farci sous forme de petits roulés pendant toute votre enfance, vous savez qu'ils sont très longs à préparer. Il faut non seulement confectionner la farce à la viande et au riz, cuire le chou à la vapeur, préparer les feuilles, mais aussi rouler des centaines — oui des centaines — de minuscules roulés. En Roumanie, on s'enorgueillit de faire les roulés les plus petits possibles. La médaille revient à celles et ceux qui parviennent à les faire aussi petits que le pouce. Je revois ma mère recevant des coups de fil de connaissances qui se vantaient du nombre qu'elles avaient réussi à rouler dans une journée, comme si c'était une compétition : « J'ai fait 154 roulés ! » « Oh, c'est tout ? Moi, j'en ai roulé 237 ! »

Ma recette supprime l'étape du roulage, c'est-à-dire la plus pénible et la plus longue, et la remplace par un empilage de couches de chou et de viande épicée, comme pour des lasagnes. Le chou va cuire à la perfection dans le jus des tomates, ce qui en fait un plat principal impressionnant pour n'importe quelle célébration.

- 1 petit chou vert (environ 900 g)
- 4 cuil. à soupe d'huile neutre (tournesol ou pépin de raisin), plus un peu pour le plat et pour arroser le chou farci
- 2 échalotes de taille moyenne finement hachées
- 100 g de riz blanc long grain, bien rincé et égoutté
- 1 cuil. à soupe de concentré de tomates
- 8 gousses d'ail finement hachées
- 1 cuil. à soupe de paprika doux
- 2 cuil. à café de thym frais ciselé ou 1 cuil. à café de thym déshydraté
- 1 cuil. à café de poivre noir du moulin
- 1 cuil. à café de piment de Cayenne
- 450 g de viande de bœuf hachée (à 20 % de MG)
- sel
- 1 boîte de 800 g de coulis de tomate en conserve
- 1 boîte de 420 g de tomates entières pelées en conserve

Préchauffez le four à 200 °C (th. 6-7).

Coupez le chou en deux dans la hauteur. Enveloppez les demi-choux dans du papier d'aluminium en serrant bien, posez-les sur une plaque et enfournez pour 45 à 50 min de cuisson, jusqu'à ce qu'ils soient super tendres à cœur. Sortez-les du four et laissez-les refroidir sans éteindre le four.

Dans une poêle de taille moyenne, faites chauffer 3 cuil. à soupe d'huile à feu moyen. Faites-y revenir les échalotes 4 ou 5 min, en mélangeant régulièrement, jusqu'à ce qu'elles soient tendres et translucides. Ajoutez le riz et poursuivez la cuisson 4 ou 5 min, sans cesser de remuer, jusqu'à ce qu'il dégage une odeur de grillé. Ajoutez le concentré de tomates et laissez cuire environ 3 min, en mélangeant pour enrober le riz, jusqu'à ce que l'ensemble prenne une coloration plus foncée et commence à caraméliser au fond de la poêle.

Créez un espace au milieu de la poêle et mettez-y le reste de l'huile, l'ail, le paprika, le thym, le poivre noir et le piment de Cayenne. Laissez cuire environ 2 min, jusqu'à ce que toute la préparation soit très parfumée. Ajoutez le bœuf et une grosse pincée de sel. Mélangez bien pour incorporer les épices. (On va utiliser la chaleur de la poêle pour émietter la viande et commencer à la cuire, mais pas entièrement, puisqu'elle finira de cuire au four.) Retirez la poêle du feu.

Ajoutez tout le coulis de tomate et les tomates entières, en les écrasant avec les mains au fur et à mesure. Versez quelques cuillerées d'eau dans les boîtes de conserve et faites-les tourner pour récupérer tous les résidus de tomate. Versez dans la poêle et mélangez. La préparation va ressembler à une sauce bolognaise crue bizarre, mais n'oubliez pas que tout va cuire au four avec le chou. Faites-moi confiance !

(suite de la recette)

Pour assembler le chou farci, huilez un moule à charnière de 25 cm (voir note). Tapissez une plaque de papier sulfurisé et posez le moule sur la plaque.

Déposez une bonne cuillerée de mélange bœuf/tomate au fond du moule et étalez-la en une couche uniforme. Détachez environ un quart des feuilles du chou cuit. Émincez les morceaux plus épais du cœur du chou et réservez-les pour la couche finale. Étalez les feuilles de chou sur la sauce, en les faisant se chevaucher si nécessaire pour couvrir entièrement la sauce.

Étalez un tiers du mélange bœuf/tomate sur le chou, puis un quart des feuilles, en une couche uniforme. Ajoutez encore un tiers du mélange bœuf/tomate sur le chou, puis un quart des feuilles, en une couche uniforme.

Recouvrez avec le reste de la sauce tomate, puis le reste des feuilles de chou, y compris les morceaux émincés au début.

Recouvrez le moule de papier d'aluminium en serrant bien et enfournez pour 1 h 20 de cuisson.

Retirez délicatement le papier d'aluminium et arrosez le chou de quelques cuillerées à soupe d'huile. Poursuivez la cuisson 15 min, jusqu'à ce que le dessus du chou soit bien doré.

Préchauffez le gril du four. Placez la grille du four à environ 10 cm de la résistance. Faites griller le chou farci 3 ou 4 min, jusqu'à ce que le dessus soit joliment brûlé.

Laissez refroidir 10 à 15 min avant de servir. Coupez en tranches et servez comme des lasagnes ou un gâteau. La photo ci-contre montre deux choux farcis empilés, le vôtre devrait faire la moitié de la hauteur.

Note : *vous pouvez aussi utiliser un moule normal de 25 cm, mais le chou farci sera plus difficile à démouler. Si vous optez pour cette solution, au lieu de vous battre pour démouler le chou farci, servez-le directement dans le moule.*

Burgers de thon à la sauce au yaourt et à l'aneth

Pour 4 à 6 personnes | Préparation : 20 min, plus 15 min de réfrigération | Cuisson : 10 min | Total : 45 min

Je vais vous confier un truc : j'adore le thon. J'adore plonger ma fourchette dans une salade de thon citronnée, croquer dans un sandwich thon-cheddar et je salive à l'idée de manger un cake au thon pour le dîner. Ces burgers sont bourrés de protéines et vous tiendront au corps pendant un bon moment. Même si la liste des ingrédients semble interminable, je vous promets que la recette peut s'adapter au contenu de vos placards. Pas fan du curcuma ? Supprimez-le. Vous détestez les câpres ? Faites l'impasse. Marre du piment de Cayenne ? Remplacez-le par du paprika doux. N'ayez pas peur d'utiliser les ingrédients dont vous disposez et régalez-vous du résultat que votre cuisine aura créé.

Pour la sauce au yaourt

200 g de yaourt à la grecque

3 gousses d'ail pressées ou râpées

2 cuil. à soupe d'aneth ciselé

2 cuil. à café de jus de citron

sel

Pour les burgers de thon

2 gros œufs

2 ou 3 cuil. à soupe de persil ciselé

4 gousses d'ail pressées ou râpées

3 cuil. à soupe d'huile neutre (tournesol ou pépin de raisin)

1 échalote de taille moyenne finement hachée

2 cuil. à soupe de câpres en saumure rincées et émincées

le zeste râpé de 1 citron

1 cuil. à soupe de jus de citron

1 cuil. à café d'oignon semoule

1 cuil. à café de curcuma moulu

¼ de cuil. à café de piment de Cayenne

sel et poivre noir du moulin

3 boîtes de 140 g de thon albacore en conserve, égoutté

30 g de chapelure panko

60 g de farine, plus un peu si nécessaire

Pour le service

huile neutre, pour la poêle

pains à hamburgers, coupés en deux

garnitures au choix

Préparez la sauce au yaourt et à l'aneth : dans un petit saladier, mélangez au fouet le yaourt, l'ail, l'aneth, le jus de citron et une pincée de sel.

Préparez les burgers de thon : dans un saladier, réunissez les œufs, le persil, l'ail, l'huile, l'échalote, les câpres, le zeste et le jus de citron, l'oignon semoule, le curcuma, le piment de Cayenne, une grosse pincée de sel et du poivre. Mélangez bien au fouet. Ajoutez le thon, la chapelure panko et la farine. Mélangez délicatement avec les mains ou une spatule en silicone, en émiettant le thon. Si la préparation est trop difficile à façonner, rajoutez de la farine. Laissez reposer 15 min au frais.

Pour le service : placez une poêle en fonte culottée ou une poêle antiadhésive à feu moyen. Faites-y chauffer un trait d'huile d'olive 2 ou 3 min. Divisez la préparation au thon en six portions égales. Avec les mains, façonnez une première boulette. Aplatissez-la délicatement pour faire une galette et posez-la dans la poêle chaude. Faites-la cuire 2 ou 3 min, jusqu'à ce que le dessous soit croustillant et doré. Retournez-la et poursuivez la cuisson 2 ou 3 min. Transférez sur une assiette ou une grille. Répétez l'opération avec le reste du thon, en ajustant le feu si nécessaire.

Déposez une cuillerée de sauce au yaourt sur le dessous d'un pain et recouvrez d'une galette de thon. Garnissez avec vos ingrédients préférés (fromage, pickles, rondelles de tomate, feuilles de laitue, etc.), rajoutez une cuillerée de sauce au yaourt, puis fermez avec le dessus du pain.

Note : *je sais que cette liste peut paraître longue, mais pour une grande partie, ce ne sont que des épices. Si vous ne les avez pas toutes dans vos placards, remplacez-les par d'autres que vous possédez déjà.*

Mijoté de tomates épicé
au saumon poché et aux olives

Pour 4 personnes | Préparation : 15 min | Cuisson : 40 min | Total : 55 min

Des morceaux fondants de saumon pochés dans une sauce épicée et acidulée à la tomate avec des câpres et des olives… ce plat élégant me donne l'impression de dîner en plein cœur de l'été, au coucher du soleil, dans une petite ville côtière. Ces saveurs fraîches associées à un verre de vin blanc pétillant et du pain frais bien croustillant ont le pouvoir de vous transporter dans ce genre de lieux. Cette recette s'inspire d'un plat servi dans mon restaurant afghan préféré. Ils font fumer leur poisson au charbon de bois et c'est juste inoubliable.

3 cuil. à soupe d'huile d'olive vierge extra

2 petits oignons jaunes coupés en fines rondelles

sel

4 gousses d'ail pressées ou râpées

1 cuil. à café de curcuma moulu

1 cuil. à café de paprika doux

½ cuil. à café de poivre noir du moulin, plus un peu si nécessaire

¼ de cuil. à café de piment de Cayenne, plus un peu si nécessaire

25 cl d'eau tiède

1 boîte de 420 g de tomates entières pelées en conserve

450 g de filets de saumon sans la peau (2 ou 3 filets)

200 g d'olives de Castelvetrano non dénoyautées (voir note), égouttées

50 g de câpres en saumure égouttées

pain croustillant, par ex. de la focaccia (page 65), de la ciabatta ou du pain au levain, pour le service

Dans une cocotte de taille moyenne, faites chauffer l'huile à feu moyen. Faites-y revenir les oignons avec une pincée de sel environ 10 min, en mélangeant de temps à autre, jusqu'à ce que les oignons soient très tendres et aient légèrement doré. S'ils brunissent trop rapidement, déglacez avec un trait d'eau et baissez à feu doux-moyen, en grattant le fond de la cocotte.

Ajoutez l'ail, le curcuma, le paprika, le poivre noir et le piment de Cayenne. Faites revenir 1 ou 2 min, jusqu'à ce que les épices dégagent tous leurs arômes. Ajoutez l'eau et les tomates en conserve dans la cocotte, en écrasant les tomates avec les mains ou avec une cuillère en bois. Assaisonnez avec une grosse pincée de sel, augmentez à feu moyen-vif et portez à ébullition. Baissez à feu doux-moyen et laissez la sauce mijoter environ 10 min, à découvert, en remuant de temps à autre, jusqu'à ce qu'elle ait légèrement réduit.

Ajoutez les filets de saumon en les enfonçant dans la sauce et baissez à feu doux. Couvrez à moitié et laissez mijoter environ 15 min, jusqu'à ce que le poisson soit cuit à cœur et s'effiloche facilement avec une fourchette. Retirez la cocotte du feu.

Avec deux fourchettes, détaillez le poisson en petits morceaux. Ajoutez les olives et les câpres, puis mélangez délicatement. Goûtez et rectifiez l'assaisonnement si nécessaire.

Répartissez le plat dans des assiettes creuses et servez avec du pain.

Note : *les olives de Castelvetrano sont idéales pour cette recette. Elles sont charnues, croquantes et douces en goût. Elles apportent beaucoup de saveurs à ce plat sans écraser la sauce. Les autres variétés que j'ai testées, telles que Kalamata, Mission et Manzanilla, ne se marient pas très bien avec le profil gustatif de cette recette. Veillez à bien utiliser des olives entières. Les olives dénoyautées sont en général plus molles, plus salées et beaucoup moins savoureuses que les olives entières.*

Nuggets de poulet à la noix de coco
et salsa ananas-basilic

Pour 4 personnes | Préparation : 30 min, plus 15 min de réfrigération | Cuisson : 25 min | Total : 1 h 10

Des nuggets de poulet, mais avec une note tropicale ! Ces bouchées de poulet enrobées de noix de coco son parfaites pour n'importe quel repas en semaine. Pendant la cuisson des nuggets, préparez une salsa pimpante et rafraîchissante avec de l'ananas et plein, plein, plein de basilic. Il ne vous reste qu'à tremper les nuggets dans la salsa d'ananas pour vous régaler.

Pour le poulet mariné

3 cuil. à soupe d'huile neutre (tournesol ou pépin de raisin)

4 gousses d'ail finement râpées

3 cuil. à soupe de fécule de maïs

1 gros blanc d'œuf

1 cuil. à soupe de vinaigre de riz

1½ cuil. à café d'oignon semoule

1½ cuil. à café de levure chimique

1 cuil. à café de paprika doux

¼ de cuil. à café de piment de Cayenne

sel

650 g de cuisses de poulet désossées, sans la peau, coupées en dés de 2,5 cm

Pour la salsa ananas-basilic

300 g d'ananas frais coupé en dés

1 grosse poignée de feuilles de basilic frais déchirées

3 cuil. à soupe d'huile d'olive vierge extra, facultatif (voir notes)

le zeste râpé et le jus de 2 citrons verts

sel

Pour le poulet à la noix de coco

160 g de noix de coco râpée

90 g de chapelure panko ou autre chapelure

3 cuil. à soupe d'huile neutre (tournesol ou pépin de raisin)

sel et flocons de sel

Faites mariner le poulet : dans un saladier, mélangez au fouet l'huile, l'ail, la fécule de maïs, le blanc d'œuf, le vinaigre, l'oignon semoule, la levure chimique, le paprika, le piment de Cayenne et une grosse pincée de sel. Ajoutez le poulet et mélangez pour bien l'enrober. Laissez mariner 15 min.

Préparez la salsa ananas-basilic : dans un saladier, mélangez l'ananas, le basilic, l'huile d'olive, le zeste et le jus de citron vert, et une pincée de sel, en écrasant délicatement une partie des morceaux d'ananas avec le dos de la cuillère.

Préparez le poulet à la noix de coco : préchauffez le four à 210 °C (th. 7). Tapissez une plaque de papier sulfurisé.

Dans un saladier, mélangez la noix de coco râpée, la chapelure panko et l'huile neutre.

Trempez un morceau de poulet mariné dans le mélange coco/panko, en appuyant dessus pour que la chapelure adhère bien. Transférez le poulet sur la plaque et répétez l'opération avec le reste de la viande, en espaçant les morceaux d'environ 2,5 cm.

Enfournez pour environ 15 min de cuisson, jusqu'à ce que le dessus des nuggets soit doré. Avec une pince, retournez les nuggets et poursuivez la cuisson 8 à 10 min, jusqu'à ce qu'ils soient uniformément dorés et croustillants. Assaisonnez avec une pincée de sel.

Servez les nuggets chauds ou à température ambiante (voir notes), nappés de salsa ananas-basilic et parsemés de flocons de sel.

Notes :

- *De l'huile dans une salsa ? C'est dingue, je sais ! Comme j'aime le dire, c'est pas tradi, mais c'est déli ! J'aime le côté rond en bouche qu'apporte l'huile d'olive, elle rend ce topping plus gourmand. Cela dit, n'hésitez pas à faire l'impasse.*
- *Alors que j'apprécie de manger les aliments frits dès qu'ils sortent de l'huile, encore bouillants, ces nuggets sont meilleurs à température ambiante, et encore meilleurs le lendemain, à la sortie du frigo.*

Tacos comme des arayes

Pour 4 à 6 personnes | Préparation : 20 min | Cuisson : 15 min | Total : 35 min

Les *arayes* sont des sandwiches garnis de viande juteuse, très populaires dans les rues du Moyen-Orient. Certains pays utilisent un pain pita fin et croustillant, d'autres un pain pita épais et moelleux, mais ils sont toujours farcis de viande hachée épicée. La viande est mise crue et cuit dans le pita pendant qu'il absorbe son jus et grille à l'extérieur. Ces tacos hyper simples s'en inspirent en substituant les pitas par des tortillas de blé. Servez-les avec une sauce au tahin acidulée qui tranche avec le gras de la viande, et une sauce chimichurri rafraîchissante qui explose en bouche. C'est l'un des dîners les plus rapides que vous pourrez préparer pour une grande tablée affamée.

Pour les tacos

450 g de viande d'agneau ou de bœuf (à 20 % de MG) hachée

½ bouquet de persil ciselé

4 gousses d'ail râpées

1 cuil. à soupe de concentré de tomates

1 cuil. à soupe d'oignon semoule

2 cuil. à café de cumin moulu

1 cuil. à café de paprika doux

¼ de cuil. à café de piment de Cayenne, plus un peu si nécessaire

sel et poivre noir du moulin

12 petites tortillas de blé (10 cm)

Pour la sauce au tahin

60 g de tahin

15 cl d'eau froide

1 cuil. à soupe de jus de citron

sel

Pour la sauce chimichurri

1 gros bouquet de persil ciselé

12 cl d'huile d'olive vierge extra, plus un peu si nécessaire

2 cuil. à café de zeste de citron râpé

8 cl de jus de citron vert ou de vinaigre de vin rouge, plus un peu si nécessaire

4 piments jalapeño finement émincés

4 gousses d'ail finement râpées

sel

Préchauffez le four à 210 °C (th. 7). Tapissez deux plaques de papier sulfurisé et posez une grille allant au four sur chaque plaque (voir note).

Préparez les tacos : dans un saladier, mélangez délicatement la viande hachée, le persil, l'ail, le concentré de tomates, l'oignon semoule, le cumin, le paprika, le piment de Cayenne, une pincée de sel et du poivre noir. Divisez la préparation en douze portions égales.

Placez une portion de viande sur une tortilla et étalez-la avec une spatule, une cuillère ou la main, en une couche uniforme sur toute la surface de la tortilla. Posez la tortilla, viande sur le dessus, sur une grille. Répétez l'opération avec le reste des tortillas et de la viande (elles peuvent se chevaucher un peu sur la grille). Enfournez pour 12 à 14 min de cuisson, jusqu'à ce que la viande soit cuite à cœur.

Préchauffez le gril du four. Placez la grille du four à environ 10 cm de la résistance. Faites griller la viande 2 ou 3 min, jusqu'à ce que le dessus soit légèrement croustillant et que les tortillas soient un peu brûlées par endroits. Laissez refroidir quelques minutes.

Préparez la sauce au tahin : dans un bol, mélangez au fouet le tahin, l'eau froide, le jus de citron et une pincée de sel, jusqu'à ce que la préparation soit lisse. Il va y avoir des grumeaux au départ, mais continuez de fouetter, jusqu'à obtention d'une sauce veloutée. Goûtez et rectifiez l'assaisonnement en rajoutant du sel ou du jus de citron si nécessaire.

Préparez la sauce chimichurri : dans un bol, mélangez le persil, l'huile, le zeste et le jus de citron, les piments jalapeño, l'ail et une pincée de sel. Goûtez et rectifiez l'assaisonnement en rajoutant du sel ou du jus de citron vert si nécessaire. Pour diluer la sauce, rajoutez éventuellement 1 ou 2 cuil. à soupe d'huile.

Au moment de servir, arrosez les tacos de sauce au tahin, puis ajoutez une cuillerée de sauce chimichurri et une pincée de piment de Cayenne. Servez immédiatement.

Note : *si vous ne possédez pas de grilles allant au four, faites cuire les tacos dans une poêle en fonte à feu moyen, en commençant par la viande sur le dessous, jusqu'à ce qu'elle soit cuite. Retournez les tacos et poursuivez la cuisson, jusqu'à ce que les tortillas soient croustillantes. Cela prend un peu plus de temps, mais c'est tout aussi bon.*

Steak grillé
et tomates marinées au zhug

Pour 2 personnes | Préparation : 15 min, plus 30 min de réfrigération | Cuisson : 10 min | Total : 55 min

Même si réussir la cuisson d'un steak semble être un défi au premier abord, c'est l'une des choses les plus faciles que vous apprendrez à réaliser chez vous et vous pourrez ainsi concocter un dîner sophistiqué, bien que simple et rapide. Inutile de sortir le grand jeu et de dépenser des sommes folles pour une côte de bœuf pour un banal mardi soir, gardez-la pour les grandes occasions. Testez cette recette avec un morceau plus fin ou votre pièce de viande préférée. J'aime associer mes steaks cuits à point avec du *zhug* (ou *zhoug*), une sauce yéménite verte relevée, bourrée d'herbes fraîches et d'épices, que je sers sur ma viande et que j'utilise aussi pour faire mariner mes tomates.

Pour la viande

600 g de faux-filet sur os (soit 1 gros steak ou 2 petits), d'environ 2,5 cm d'épaisseur

sel

Pour les tomates marinées au zhug

les graines de 4 capsules de cardamome verte

1 cuil. à café de graines de coriandre

½ cuil. à café de graines de cumin

1 bouquet de coriandre ciselée

½ bouquet de persil ciselé

8 cl d'huile d'olive vierge extra, plus un peu si nécessaire

2 petits piments jalapeño grossièrement émincés

3 gousses d'ail pelées mais entières

3 cuil. à soupe de jus de citron, plus un peu si nécessaire

sel

700 g de tomates cœur de bœuf ou anciennes, coupées en rondelles de 1,5 cm d'épaisseur environ

huile neutre (tournesol ou pépin de raisin)

flocons de sel, pour le service

Préparez la viande : posez le faux-filet sur un morceau de papier sulfurisé et salez-le généreusement sur toutes les faces. Laissez-le reposer au moins 30 min, et jusqu'à 1 h, à température ambiante.

Préparez les tomates marinées : dans un mortier, écrasez grossièrement au pilon les graines de cardamome, de coriandre et de cumin (inutile de les réduire en poudre). (Vous pouvez aussi placer les épices entre deux feuilles de papier absorbant et passer plusieurs fois dessus avec un rouleau à pâtisserie.)

Transférez les épices concassées dans une petite poêle et faites-les griller environ 2 min à sec, à feu moyen, en secouant la poêle de temps à autre, jusqu'à ce qu'elles fument légèrement et dégagent tous les arômes.

Transférez les épices dans le bol d'un robot avec la coriandre, le persil, l'huile, les piments, l'ail, le jus de citron et une pincée de sel. Mixez jusqu'à ce que le zhug prenne une consistance plus homogène, avec des morceaux. Goûtez et rectifiez l'assaisonnement si nécessaire.

Dans un saladier, mélangez délicatement les rondelles de tomate avec environ 50 g de zhug. Laissez mariner le temps de faire cuire la viande. Réservez le reste du zhug pour l'accompagnement.

Essuyez le faux-filet avec du papier absorbant. Salez-le uniformément (utilisez moins de sel qu'au début, juste une pincée).

Faites chauffer une grande poêle en fonte 5 min à feu moyen, jusqu'à ce qu'elle commence à fumer. Ajoutez 1 cuil. à soupe d'huile neutre et faites tourner la poêle pour bien la huiler. Posez la viande dans la poêle, le plus loin possible de vous pour éviter les projections d'huile. Si vous avez une presse à burger ou une poêle plus petite, lestez la viande avec pour augmenter le contact avec la surface chaude. Laissez cuire 5 ou 6 min, sans toucher, jusqu'à ce que le dessous de la viande présente une belle croûte caramélisée.

Avec une pince, retournez délicatement la viande et poursuivez la cuisson 4 ou 5 min. Le steak à point parfait a une température de 50 °C à l'endroit le plus épais. Faites cuire la viande à votre convenance. Transférez la viande sur une assiette et laissez-la reposer 8 à 10 min.

Coupez-la en tranches dans le sens inverse du grain. Parsemez de flocons de sel et de cuillerées de zhug, puis servez avec la salade de tomates.

Tacos dorados au saumon, au miel et au piment

Pour 4 personnes | Préparation : 35 min | Cuisson : 20 min | Total : 55 min

Journée pourrie ? Je vais chercher des tacos dorados dans mon restau mexicain préféré. Un objectif atteint ? Je vais chercher des tacos dorados. Repas sur le pouce ? Tacos dorados. Rien dans mon frigo ? Je commande des tacos dorados. Mon restaurant mexicain préféré en ville propose ces tortillas de maïs frites bien croustillantes garnies de poulet effiloché et d'une montagne de laitue, de radis, d'avocat et de piment jalapeño. Ils sont croquants, croustillants, rafraîchissants et trop bizarres à manger à cause du nombre de toppings qui les recouvrent, ce qui est probablement mon truc préféré.

J'ai voulu recréer une version pas très traditionnelle de mon plat à emporter préféré au monde, en garnissant mes tortillas de saumon au piment chipotle. Au lieu de faire frire les tacos, je les cuis au four jusqu'à ce qu'ils soient parfaitement croustillants. Recouvrez-les d'une quantité absurde de crudités, noyez-les sous une sauce à la crème et au piment chipotle, puis ajoutez du fromage.

Pour le topping concombre-radis

8 à 10 petits radis coupés en fines rondelles

3 mini-concombres coupés en fines rondelles

1 petite échalote coupée en fines rondelles

1 piment jalapeño de taille moyenne, coupé en fines rondelles

sel

Pour la crème au piment chipotle

25 cl de crème fraîche

3 ou 4 piments chipotle en sauce adobo, finement émincés (dans les épiceries fines et sur Internet)

2 gousses d'ail hachées

sel

Pour les tacos au saumon

450 g de filets de saumon sans la peau

4 à 6 piments chipotle en sauce adobo, finement émincés (dans les épiceries fines et sur Internet)

4 gousses d'ail pressées

2 cuil. à soupe de miel

Préparez le topping concombre-radis : dans un saladier, mélangez les radis, les concombres, l'échalote, le piment jalapeño et une grosse pincée de sel. Avec les mains, faites pénétrer le sel dans les légumes en massant bien.

Préparez la crème au piment chipotle : dans un bol, mélangez au fouet la crème, les piments chipotle, l'ail et une pincée de sel. Réservez au réfrigérateur jusqu'au moment de servir.

Préparez les tacos au saumon : préchauffez le four à 210 °C (th. 7).

Coupez les filets de saumon en dés de 1,5 cm. Dans un saladier, mélangez le saumon, les piments chipotle, l'ail, le miel, la farine, le vinaigre, l'oignon semoule, le cumin et une grosse pincée de sel.

Disposez les tortillas sur deux plaques en les faisant se chevaucher un peu si nécessaire. Faites chauffer les tortillas 3 ou 4 min au four, jusqu'à ce qu'elles soient juste souples. Empilez les tortillas sur le plan de travail et enveloppez-les dans un torchon pour qu'elles restent souples. Laissez le four allumé.

Posez une tortilla sur le plan de travail et déposez environ 2 cuil. à soupe de préparation au saumon sur la moitié de la tortilla. Pliez la tortilla en deux en pressant délicatement pour qu'elle adhère à la garniture au saumon. Posez le taco obtenu sur une plaque. (Si la tortilla se déplie, retournez-la sur l'autre côté.) Répétez l'opération avec le reste des tortillas et du saumon. Avec un pinceau à pâtisserie ou vos doigts, huilez légèrement l'une des faces de chaque taco.

Enfournez pour environ 15 min de cuisson, jusqu'à ce que les tacos soient dorés et croustillants. Retournez-les et faites-les cuire encore 3 ou 4 min pour que le dessus soit croustillant lui aussi. Réservez sur une grille.

(suite de la recette)

2 cuil. à soupe de farine

1 cuil. à soupe de vinaigre de riz

2 cuil. à café d'oignon semoule

1½ cuil. à café de cumin moulu

sel

8 tortillas de maïs (15 cm)

6 cl d'huile neutre (tournesol ou pépin de raisin), plus un peu si nécessaire

Pour la touche finale

le zeste râpé et le jus de 1 citron vert, plus un peu pour la salade verte

salade verte croquante finement émincée

sel

feta émiettée (facultatif)

sauce de votre choix (facultatif)

tranches de citron, à presser sur les tacos

Pour la touche finale : égouttez les radis et les concombres pour éliminer le liquide. Ajoutez le zeste et le jus de citron vert. Mélangez.

Au moment de servir, disposez les tacos sur un plat et recouvrez-les de salade verte. Arrosez la salade d'un filet de jus de citron vert et salez. Recouvrez de radis et de concombre, puis ajoutez des cuillerées de crème au piment chipotle. Si vous le souhaitez, parsemez de feta et accompagnez de votre sauce préférée. Servez avec des tranches de citron vert.

Notes :

- *Si le nombre de préparations à faire pour ces tacos vous décourage, vous pouvez vous faciliter la vie en cuisinant certains éléments à l'avance. Vous pouvez préparer le topping concombre-radis et la crème au piment chipotle, et faire mariner les dés de saumon à l'avance. Le jour J, vous n'aurez qu'à les assembler et les faire cuire. Les doigts dans le nez !*
- *En parlant de cuisson, si, pour une raison ou une autre, vous ne pouvez pas utiliser de four, vous pouvez faire frire vos tacos dans un bain d'huile ou les faire griller à la poêle dans un filet d'huile, jusqu'à ce que la garniture au saumon soit cuite à cœur.*

Sandwiches de poisson pané aux chips
et à la mayonnaise coriandre-citron vert

Pour 4 personnes | Préparation : 35 min | Cuisson : 10 min | Total : 45 min

Ce qu'on a là, ce n'est pas n'importe quel burger de poisson pané. D'abord, le poisson est assaisonné avec un sel parfumé au citron vert maison. Je frotte le sel avec des zestes de citron vert pour en extraire les huiles essentielles. Ensuite, j'élève la panure à un niveau supérieur en enrobant le poisson dans des chips de pommes de terre émiettées avant de le faire frire. (Oui, ce poisson est enrobé de chips !) Enfin, et c'est l'apothéose, je sers le tout avec une sauce crémeuse à la coriandre et au citron vert, et des crudités râpées pimentées.

Pour les bâtonnets de cabillaud

le zeste râpé de 3 citrons verts

2 cuil. à café de sel

450 g de filets de cabillaud sans la peau (voir notes)

Pour la sauce à la coriandre et au citron vert

1 gros bouquet de coriandre

4 oignons nouveaux émincés

le jus de 2 citrons verts

sel

80 g de mayonnaise

Pour les crudités râpées pimentées

¼ de petit chou vert finement émincé

2 piments jalapeño de taille moyenne, coupés en fines rondelles

1 grosse échalote coupée en fines rondelles

1 cuil. à soupe de sucre, plus un peu si nécessaire

sel

le jus de 1 citron vert

Préparez les bâtonnets de cabillaud : dans un bol, mélangez le zeste des citrons verts et le sel. Frottez avec les doigts pour extraire les huiles des zestes et parfumer le sel. Coupez les filets de cabillaud en bâtonnets de 5 cm de large.

Posez une grille sur une plaque et disposez les bâtonnets de cabillaud sur la grille. Saupoudrez-les généreusement de sel au citron vert.

Préparez la sauce à la coriandre et au citron vert : dans un mini-robot ou blender, réunissez la coriandre, les oignons nouveaux, le jus des citrons verts, une pincée de sel et 1 cuil. à soupe d'eau. Mixez jusqu'à obtention d'un mélange grossier en rajoutant de l'eau si nécessaire pour délayer la préparation.

Transférez dans un petit saladier, ajoutez la mayonnaise et mélangez au fouet. Réservez dans un endroit frais (voir notes).

Préparez les crudités râpées pimentées : dans un saladier, mélangez le chou, les piments jalapeño, l'échalote, le sucre et une grosse pincée de sel. Avec les mains, massez les ingrédients pendant 1 min, pour aider le sucre et le sel à pénétrer dans les légumes et pour attendrir le chou. Ajoutez le jus de citron vert et une cuillerée de sauce à la coriandre et au citron vert. Mélangez.

Panez les bâtonnets de cabillaud : écrasez les chips directement dans le sachet à l'aide d'un rouleau à pâtisserie. (On cherche à produire des miettes identiques à celles que l'on trouve au fond du paquet.) Étalez les chips dans une assiette creuse.

Versez 60 g de farine dans une autre assiette. Roulez un bâtonnet de poisson dans la farine et reposez-le sur la grille. Répétez l'opération avec le reste des bâtonnets.

Dans un saladier, mélangez au fouet la fécule de maïs, le reste de la farine, la levure chimique et une bonne pincée de sel. Ajoutez l'eau pétillante et fouettez de nouveau, jusqu'à ce que la pâte soit homogène. La pâte doit avoir une consistance crémeuse ; rajoutez un peu de farine ou d'eau pétillante si nécessaire.

(suite de la recette)

Pour la panure

2 grosses poignées de chips

90 g de farine

60 g de fécule de maïs

¼ de cuil. à café de levure chimique

sel

12 cl d'eau pétillante ou de bière

huile neutre, pour la friture

Pour l'assemblage

4 ciabattas ou pains à hamburgers

tranches de citron, à presser sur les sandwiches

Posez une grille sur une plaque et placez-la à côté de la cuisinière. Versez 2,5 cm d'huile neutre dans une casserole de taille moyenne, assez profonde, et faites-la chauffer à 180 °C.

Avec une fourchette, plongez un bâtonnet de poisson dans la pâte et secouez pour éliminer l'excédent. Déposez-le dans le bol de chips et faites-le rouler pour bien l'enrober. Faites-le frire 2 ou 3 min, jusqu'à ce que le dessous soit doré. Retournez-le et faites frire l'autre côté, jusqu'à ce qu'il soit uniformément doré et croustillant. Avec une pince ou une écumoire, transférez le poisson frit sur la grille pour qu'il s'égoutte et salez-le immédiatement. Répétez l'opération avec le reste des bâtonnets. Retirez la poêle du feu.

Assemblez les sandwiches : déposez un peu de sauce à la coriandre et au citron vert sur le dessous de chaque pain. Ajoutez 1 ou 2 bâtonnets de poisson pané, puis une cuillerée de crudités et une autre cuillerée de sauce. Recouvrez avec le dessus du pain et servez immédiatement avec des tranches de citron vert.

Notes :

- *La coriandre dans la sauce s'oxyde avec le temps. C'est normal ! Si vous voulez pallier ce problème, faites blanchir les herbes avant de les mixer ou préparez la sauce au tout dernier moment.*
- *Cette recette peut être préparée avec plein de poissons différents. Si vous n'aimez pas trop le cabillaud ou que vous n'en trouvez pas, prenez du saumon ou de la truite.*

pasta-
folies

Pâtes aux champignons et au miso

Pour 4 à 6 personnes | Préparation : 20 min | Cuisson : 40 min | Total : 1 h

Vous cherchez une recette de pâtes végétarienne et réconfortante ? Ces pâtes champignons-miso sont faites pour vous. Vous ne serez pas surpris d'apprendre que le miso est un indétrônable de mon frigo. Cette pâte de soja fermentée originaire du Japon possède une saveur ronde en bouche, agréablement salée, subtilement sucrée, vraiment exquise. Les champignons sont revenus dans du beurre jusqu'à prendre une belle coloration avec un pourtour croustillant. On ajoute ensuite les pâtes cuites dans la poêle et on mélange en grattant le fond pour récupérer les petits bouts de champignon caramélisés en déglaçant avec de l'eau de cuisson des pâtes. Au moment de servir, on incorpore du miso crémeux qui se délaye dans l'eau de cuisson des pâtes pour les napper comme une sauce au fromage.

150 g de beurre doux, plus un peu si nécessaire

1,3 kg de champignons mélangés, par ex. des cèpes, des pleurotes ou des shiitakés, coupés en lamelles de 0,5 cm.

sel

450 g de pâtes, n'importe quelle forme

9 gousses d'ail pressées ou finement râpées

1 cuil. à soupe de flocons de piment rouge, plus un peu pour le service

poivre noir du moulin

4 à 6 cuil. à soupe de miso blanc

parmesan râpé, pour le service (facultatif)

Dans une grande casserole, faites fondre la moitié du beurre à feu moyen-vif. Ajoutez les champignons et mélangez pour bien les enrober de beurre. Le volume de champignons semble très impressionnant au départ, mais promis, ils vont réduire. Faites cuire les champignons 20 à 25 min, en remuant de temps à autre, jusqu'à ce qu'ils aient perdu presque toute leur eau. Si la casserole semble sèche, rajoutez une noix de beurre, et si les champignons semblent brunir trop rapidement ou pas assez uniformément, baissez le feu.

Poursuivez la cuisson encore 10 min environ, jusqu'à ce que les champignons aient coloré et grillé sur le pourtour, en ne mélangeant qu'une ou deux fois.

Pendant ce temps, portez une grande casserole d'eau légèrement salée à ébullition à feu moyen-vif. (Nous allons saler l'eau de cuisson des pâtes un peu moins que d'habitude car le miso apportera une bonne quantité de sel plus tard.) Faites cuire les pâtes 3 min de moins que les indications du paquet, en mélangeant de temps à autre. Retirez la casserole du feu. Réservez environ 50 cl d'eau de cuisson des pâtes.

Mettez le reste du beurre dans les champignons, puis ajoutez l'ail, les flocons de piment, une pincée de sel et un peu de poivre. Laissez cuire environ 2 min, jusqu'à ce que la préparation soit bien parfumée.

Avec une pince ou une écumoire, ajoutez les pâtes et leur eau de cuisson réservée dans la poêle de champignons, en grattant bien le fond avec une cuillère en bois. Mélangez et laissez cuire 2 ou 3 min, jusqu'à ce que les pâtes soient tendres. Retirez la poêle du feu.

Ajoutez 4 cuil. à soupe de miso et mélangez pour bien l'incorporer à la sauce. Goûtez et rajoutez du miso si vous le souhaitez (voir note).

Répartissez les pâtes dans des assiettes creuses et parsemez de flocons de piment. Parsemez éventuellement de parmesan râpé.

Note : *vous noterez que la quantité de miso indiquée dans la liste des ingrédients n'est pas précise. En effet, toutes les pâtes de miso ne sont pas identiques. Certaines sont très salées, d'autres plus douces. Je vous invite à goûter votre miso et à le doser en fonction de vos goûts.*

Pâtes à la tomate pimentées super simples

Pour 4 à 6 personnes | Préparation : 10 min | Cuisson : 40 min | Total : 50 min

Même si j'apprécie le côté pratique des sauces tomate toutes prêtes, l'odeur d'un coulis maison qui envahit la cuisine et ouvre l'appétit a quelque chose de spécial. Cette sauce tomate est l'une des recettes les plus simples que vous pourrez réaliser : si vous savez jeter des tomates cerise dans une casserole et attendre qu'elles mijotent un peu, vous possédez toutes les compétences requises. Préparez cette recette pendant la saison des tomates ou en plein milieu du mois de janvier, c'est toujours un plat réconfortant, délicieux et très satisfaisant.

12 cl d'huile d'olive vierge extra, plus un filet

10 gousses d'ail coupées en fines rondelles

6 piments calabrais en bocal, finement émincés, ou 2 cuil. à soupe de pâte de piments calabrais (voir note)

1½ cuil. à café de poivre noir du moulin

3 cuil. à soupe d'huile de piment calabrais (facultatif)

1,3 kg de tomates cerise ou 1 boîte de 420 g et 1 boîte de 840 g de tomates entières pelées en conserve

sel

3 brins de romarin (facultatif)

450 g de pâtes, n'importe quelle forme

parmesan râpé, pour le service (facultatif)

Dans une grande cocotte, faites chauffer l'huile d'olive à feu moyen. Ajoutez l'ail, les piments calabrais, du poivre noir et éventuellement l'huile pimentée. Faites cuire environ 2 min, jusqu'à ce que les condiments dégagent tous leurs arômes. Ajoutez les tomates (avec leur jus si elles sont en conserve), une grosse pincée de sel et éventuellement les brins de romarin. Mélangez pour bien enrober les tomates d'huile aromatisée. Portez à frémissement et baissez à feu doux-moyen. Laissez mijoter 25 à 30 min, en mélangeant de temps à autre pour écraser les tomates, jusqu'à ce qu'elles prennent la consistance d'une sauce.

Pendant ce temps, portez une grande casserole d'eau bien salée à ébullition à feu moyen-vif. Faites-y cuire les pâtes 3 min de moins que le temps indiqué sur le paquet, pour qu'elles soient très *al dente*. Retirez la casserole du feu. Réservez environ 50 cl d'eau de cuisson des pâtes.

Baissez la cocotte de sauce tomate à feu doux et jetez éventuellement les brins de romarin. Avec une pince ou une écumoire, transférez les pâtes directement de la casserole d'eau à la cocotte et ajoutez environ 25 cl de leur eau de cuisson. Mélangez 3 ou 4 min, jusqu'à ce que la sauce nappe les pâtes, en rajoutant de l'eau de cuisson si nécessaire.

Répartissez les pâtes dans des assiettes creuses et arrosez-les d'un filet d'huile d'olive. Parsemez éventuellement de parmesan.

Note : *les piments calabrais à l'huile vont porter cette sauce tomate à un tout autre niveau, mais si vous n'en trouvez pas, vous pouvez très bien utiliser des flocons de piment rouge ou un piment rouge frais à la place.*

Pâtes au beurre
aux oignons confits et au chou

Pour 4 à 6 personnes | Préparation : 20 min | Cuisson : 40 min | Total : 1 h

J'aime appeler ces pâtes « les pâtes au beurre d'Europe de l'Est ». C'est le genre de plat qu'on prépare quand la pensée même de faire le dîner semble trop accablante. Le genre de plat que les enfants adorent. C'est hyper simple, mais chaque bouchée vous ramène instantanément en enfance. Le chou et les oignons cuisent lentement, jusqu'à ce qu'ils soient fondants et confits, puis on les mélange avec des pâtes aux œufs et du poivre noir concassé pour un petit coup de fouet. La noix de beurre demi-sel ajoutée dans chaque assiette est indispensable : mélanger le beurre avec les pâtes et le regarder fondre en se transformant en une sauce nacrée était la chose que je préférais quand j'étais petite.

8 cl d'huile neutre (tournesol ou pépin de raisin), plus un peu si nécessaire

1½ cuil. à soupe de grains de poivre noir concassés, plus un peu pour le service

3 oignons jaunes de taille moyenne, coupés en rondelles d'environ 0,5 cm d'épaisseur

sel

1 chou vert de 1,3 kg coupé en lamelles de 0,5 cm

450 g de nouilles ou de pâtes aux œufs, par ex. des tagliatelles ou des pappardelles

8 à 12 cuil. à soupe de beurre demi-sel, à température ambiante, pour le service

Dans une grande cocotte, faites chauffer l'huile à feu moyen. Ajoutez le poivre concassé et faites-le frire environ 1 min, jusqu'à ce qu'il dégage tous ses arômes. Ajoutez l'oignon et une pincée de sel, puis laissez cuire 6 à 8 min, en mélangeant de temps à autre, jusqu'à ce qu'il soit translucide. Ajoutez le chou et poursuivez la cuisson 25 à 30 min, jusqu'à ce que le chou et l'oignon soient bien confits et qu'une croûte dorée se soit formée au fond de la cocotte. Si la préparation semble trop sèche, ajoutez 1 cuil. à soupe d'huile environ, pour aider le chou à frire et à caraméliser.

Pendant la cuisson du chou, portez une grande casserole d'eau bien salée à ébullition à feu moyen-vif. Faites-y cuire les pâtes 3 min de moins que le temps indiqué sur le paquet, pour qu'elles soient très *al dente*. Retirez la casserole du feu.

Avec une pince ou une écumoire, transférez directement les pâtes dans la cocotte de chou et mélangez. Ajoutez environ 12 cl d'eau de cuisson des pâtes et grattez le fond de la cocotte pour décoller tous les petits morceaux grillés. Rajoutez de l'eau de cuisson si nécessaire pour créer une sauce assez liquide, mais veloutée, qui nappe bien les pâtes. Goûtez et rectifiez l'assaisonnement si nécessaire. Retirez la casserole du feu.

Répartissez les pâtes dans des assiettes creuses et déposez 2 cuil. à soupe de beurre demi-sel sur chaque part, puis parsemez de poivre du moulin. Observez le beurre fondre sur les pâtes, jusqu'à ce qu'il soit nacré et crémeux.

Pâtes coquilles fourrées au fromage
et sauce aux légumes d'été

Pour 8 à 10 personnes | Préparation : 25 min | Cuisson : 1 h 35 | Total : 2 h

Quand je crée une recette comme celle-ci, je m'efforce toujours d'éviter l'étape de précuisson des pâtes, ce qui permet d'éliminer une casserole sale de votre pile de vaisselle. Pour ce plat fromager, j'ai farci des pâtes coquilles sèches avec une préparation à base de ricotta, d'herbes et de poivre, que j'ai déposées ensuite dans la sauce. En couvrant le plat avant de l'enfourner, les pâtes vont cuire dans la vapeur de la sauce et absorber son humidité.

Pour la sauce, je me suis grandement inspirée de la ratatouille. J'ai essayé d'utiliser les légumes classiques de la ratatouille pour obtenir une sauce tomate riche en légumes qui évoque la France.

8 cl d'huile d'olive vierge extra, plus un filet

1 gros oignon jaune émincé

1 aubergine de taille moyenne coupée en dés de 1 cm

2 courgettes de taille moyenne coupées en dés de 1 cm

sel

2 poivrons rouges coupés en morceaux

1 boîte de 840 g de tomates entières pelées en conserve

450 g de ricotta au lait entier

2 cuil. à soupe de persil finement ciselé

1 gousse d'ail pressée ou finement râpée

poivre noir du moulin

22 à 25 pâtes coquilles géantes (environ 200 g)

350 g de mozzarella au lait entier égouttée, grossièrement râpée

feuilles de basilic frais déchirées, pour le service

Préchauffez le four à 200 °C (th. 6-7).

Dans une grande casserole, faites chauffer l'huile 1 ou 2 min à feu moyen. Faites-y revenir l'oignon 4 ou 5 min, en mélangeant de temps à autre, jusqu'à ce qu'il soit tendre et translucide. Ajoutez l'aubergine, la courgette et une grosse pincée de sel. Faites cuire 10 à 12 min, en mélangeant de temps à autre, jusqu'à ce que les légumes soient cuits et se soient bien attendris.

Ajoutez les poivrons et poursuivez la cuisson 5 min, en mélangeant de temps à autre, jusqu'à ce qu'ils soient tendres. Baissez à feu moyen, puis ajoutez les tomates en conserve, en écrasant les tomates entières avec les mains. Mélangez et salez de nouveau généreusement. Laissez cuire 10 à 12 min, en remuant fréquemment, jusqu'à ce que la sauce soit bien parfumée. Elle doit avoir une consistance un peu liquide.

Retirez la casserole du feu. Versez la sauce dans un plat à gratin de 23 x 33 cm.

Dans un saladier, mélangez la ricotta, le persil, l'ail, une pincée de sel et du poivre. Farcissez les pâtes avec environ 1 cuil. à soupe de ricotta préparée, en lissant l'excédent avec le doigt ou une spatule. (Vous pouvez aussi garnir les pâtes avec une poche à douille.) Déposez délicatement les pâtes une par une dans la sauce. S'il vous reste de la ricotta, déposez-en des cuillerées entre les pâtes.

Recouvrez le plat de papier d'aluminium en serrant bien et enfournez pour 1 h de cuisson.

Retirez délicatement le papier d'aluminium et parsemez de mozzarella. Enfournez de nouveau pour 5 à 7 min, jusqu'à ce que le fromage soit fondu. Préchauffez le gril du four. Placez la grille du four à environ 10 cm de la résistance. Faites griller 1 ou 2 min, jusqu'à ce que le fromage bouillonne et soit légèrement grillé.

Servez chaud avec le basilic et un filet d'huile d'olive.

Mac'n'cheese au brie
et panko croustillante

Pour 4 à 6 personnes | Préparation : 10 min | Cuisson : 20 min | Total : 30 min

Bien que j'apprécie toujours une bonne casserole de mac'n'cheese, ces macaronis au fromage typiquement américains, pour leur côté régressif, je reconnais que ça demande pas mal de travail d'en préparer. Selon la recette, vous pouvez vous retrouver avec une dizaine de plats à laver, et le tout peut prendre jusqu'à 2 heures du début à la fin, sans parler de la béchamel qui peut s'avérer délicate à surveiller. Ça commence à faire beaucoup ! Cette recette en 30 minutes chrono vous donnera le même résultat réconfortant avec un minimum d'effort. On a toujours le topping croustillant parfumé aux échalotes et à l'ail grillés, plus les pâtes nappées de sauce. Le brie fondu remplace la béchamel parfois pénible, il forme facilement une base crémeuse qui se marie à merveille avec le cheddar vieux. C'est une méthode simple, mais efficace, pour manger du mac'n'cheese n'importe quel soir de la semaine.

Pour la chapelure panko aillée

50 g de beurre doux

2 petites échalotes finement hachées

4 gousses d'ail pressées ou finement râpées

40 g de chapelure panko ou autre chapelure

sel

Pour les mac'n'cheese au brie

sel

450 g de pâtes courtes, des macaronis, des conchiglies ou des rigatonis, par ex.

300 g de brie, sans la croûte, coupé en dés

50 g de beurre doux coupé en dés

225 g de cheddar blanc vieux ou de gruyère finement râpés

Préparez la chapelure panko aillée : dans une petite poêle, faites fondre le beurre à feu moyen. Faites-y revenir les échalotes 3 ou 4 min, en mélangeant régulièrement, jusqu'à ce qu'elles soient tendres et translucides. Ajoutez l'ail et laissez cuire 1 ou 2 min, jusqu'à ce qu'il dégage tous ses arômes. Ajoutez la chapelure panko, une pincée de sel et mélangez. Baissez à feu doux-moyen et laissez cuire 5 ou 6 min, sans cesser de remuer, jusqu'à ce que la chapelure soit dorée et croustillante. Retirez la casserole du feu.

Préparez les mac'n'cheese au brie : portez une grande casserole d'eau bien salée à ébullition. Faites-y cuire les pâtes 3 min de moins que les indications du paquet. Retirez la casserole du feu. Égouttez les pâtes en réservant 50 cl d'eau de cuisson, puis remettez-les dans la casserole.

Ajoutez 12 cl d'eau de cuisson, ainsi que les dés de brie et de beurre. Mélangez énergiquement, en utilisant la chaleur résiduelle de la casserole pour faire fondre le brie et le beurre.

Remettez la poêle à feu doux-moyen. Rajoutez 25 cl d'eau de cuisson, plus une poignée de cheddar râpé. Mélangez de nouveau énergiquement pour que le fromage fonde. Ajoutez le reste du cheddar en plusieurs fois, en mélangeant jusqu'à ce qu'il soit parfaitement incorporé à la sauce. Rajoutez un peu d'eau de cuisson pour diluer la sauce si nécessaire. Retirez la casserole du feu.

Répartissez les pâtes dans des assiettes creuses, parsemez de chapelure panko aillée et servez.

Carbonara aux échalotes grillées

Pour 4 à 6 personnes | Préparation : 15 min | Cuisson : 25 min | Total : 40 min

Ce n'est pas une carbonara classique. À la place du traditionnel guanciale, cette recette végétarienne utilise des échalotes, de l'ail, des flocons de piment et du poivre noir pour faire la sauce crémeuse aux œufs. Avec un peu de technique et de patience, il est possible d'extraire un maximum de saveurs de ces modestes ingrédients. Si vous hésitez à utiliser des œufs dans votre sauce, ne vous inquiétez pas, ça ne ressemblera pas du tout à des œufs brouillés aux spaghettis. Les jaunes d'œufs et le fromage forment une émulsion qui donne une sauce gourmande et crémeuse. Au moment de servir, parsemez les pâtes d'échalotes à l'ail caramélisées grillées.

12 cl d'huile d'olive vierge extra, plus un filet

6 échalotes de taille moyenne finement hachées

sel

10 gousses d'ail pressées ou finement râpées

1 cuil. à café de grains de poivre noir concassés

1 cuil. à café de flocons de piment rouge

450 g de pâtes longues, des spaghettis ou des linguines, par ex.

9 gros jaunes d'œufs

125 g de parmesan finement râpé, plus un peu pour le service

Dans une grande casserole, faites chauffer l'huile à feu moyen. Faites-y revenir les échalotes avec une pincée de sel 4 à 6 min, en mélangeant de temps à autre, jusqu'à ce qu'elles soient tendres et translucides. Baissez à feu doux-moyen et poursuivez la cuisson 8 à 12 min, en mélangeant de temps à autre, jusqu'à ce que les échalotes brunissent. Si elles dorent trop rapidement, ajoutez un trait d'eau et grattez le fond de la casserole, puis poursuivez la cuisson.

Ajoutez l'ail, les grains de poivre concassés et les flocons de piment. Laissez cuire environ 1 min, jusqu'à ce qu'ils dégagent tous leurs arômes. Retirez la casserole du feu. Réservez quelques cuillerées d'échalotes dans un bol.

Pendant ce temps, portez une grande casserole d'eau bien salée à ébullition à feu moyen-vif. Faites-y cuire les pâtes 3 min de moins que les indications du paquet.

Pendant la cuisson des pâtes, fouettez les jaunes d'œufs et le parmesan dans un bol. Prélevez environ 40 cl d'eau de cuisson des pâtes avec un verre mesureur. Sans cesser de fouetter, versez l'eau chaude en un filet fin et régulier sur les jaunes d'œufs au parmesan, jusqu'à l'obtention d'une crème fluide.

Remettez la casserole des échalotes sur le feu et faites-les réchauffer quelques minutes, jusqu'à ce que les pâtes soient cuites.

Retirez la casserole de pâtes du feu. Avec une pince, transférez les pâtes dans la casserole des échalotes. Ajoutez 20 cl d'eau de cuisson des pâtes et mélangez bien. Baissez à feu doux-moyen. Versez les jaunes d'œufs au parmesan sur les pâtes et mélangez énergiquement pendant 1 ou 2 min, jusqu'à ce que la sauce épaississe. Si la sauce est trop épaisse à votre goût, délayez-la avec un trait d'eau de cuisson des pâtes et mélangez de nouveau. Retirez la casserole du feu.

Répartissez les pâtes dans des assiettes et parsemez-les d'échalotes, de parmesan râpé, puis arrosez d'un filet d'huile d'olive. Servez immédiatement.

Lasagnes multi-champis

Pour 6 à 8 personnes | Préparation : 25 min | Cuisson : 1 h 30 | Total : 1 h 55

Si vous êtes comme moi, l'idée de faire cuire des plaques de lasagne à l'eau, de les surveiller pour qu'elles ne collent pas entre elles, puis de les superposer à la perfection, vous stresse tant que vous ne faites des lasagnes qu'une ou deux fois par an, cette recette est pour vous. Je m'étais fixé une seule mission pour cette recette : assouplir les règles et modifier la méthode de préparation classique des lasagnes pour la rendre plus accessible. Vous allez donc casser les pâtes sèches en petits morceaux, les mélanger avec une béchamel onctueuse aux champignons, puis alterner les couches de pâtes, de ricotta crémeuse, de mozzarella filante et de champignons cuits. Vous obtiendrez un plat végétarien complet, hautement réconfortant et impressionnant, avec peu de vaisselle à faire à la fin.

110 g de beurre doux

1 kg de champignons mélangés, par ex. des cèpes, des pleurotes ou des shiitakés, déchirés en morceaux

5 gousses d'ail finement hachées

2 cuil. à café de poivre noir grossièrement concassé, plus un peu si nécessaire

sel

3 cuil. à soupe de farine

1 l de lait entier

2 brins de romarin (facultatif)

225 g de plaques de lasagne (sèches)

375 g de ricotta au lait entier

50 g de parmesan râpé

450 g de mozzarella au lait entier égouttée, grossièrement râpée

Faites fondre le beurre dans une grande cocotte à feu moyen, jusqu'à ce qu'il crépite. Faites-y revenir les champignons environ 30 min, en remuant fréquemment, jusqu'à ce qu'ils aient perdu toute leur eau et soient bien dorés.

Baissez à feu doux-moyen. Ajoutez l'ail, le poivre noir et une pincée de sel. Faites cuire 1 ou 2 min, jusqu'à ce que l'ail dégage tous ses arômes. Ajoutez la farine et mélangez pour enrober les champignons. Versez progressivement le lait sans cesser de remuer. Ajoutez éventuellement le romarin, portez à frémissement et laissez cuire 4 à 6 min, en mélangeant de temps à autre, jusqu'à ce que la sauce épaississe. Elle doit avoir une consistance similaire à de la crème fraîche épaisse. Goûtez et rectifiez l'assaisonnement si nécessaire.

Cassez les feuilles de lasagne en 3 ou 4 morceaux et mettez-les dans la sauce chaude. Mélangez, puis retirez la cocotte du feu. Ôtez le romarin si nécessaire.

Dans un saladier, mélangez la ricotta, le parmesan, une généreuse pincée de sel et un peu de poivre.

Préchauffez le four à 200 °C (th. 6-7).

Étalez une cuillerée de ricotta au fond d'un plat rond de 25 cm de diamètre, ou carré de 23 cm. Recouvrez d'environ un tiers de la béchamel aux champignons et étalez-la en une couche uniforme. (Ce ne sont pas des lasagnes traditionnelles, on ne cherche pas à aligner parfaitement les plaques, alors ne réfléchissez pas trop !) Ajoutez un tiers de la ricotta et étalez-la en une couche régulière, puis recouvrez d'un tiers de la mozzarella. Répétez l'opération avec un tiers de la béchamel aux champignons, un tiers de la ricotta et un tiers de la mozzarella. Répétez encore une fois, mais uniquement avec le reste de la béchamel aux champignons et de la ricotta, en réservant la fin de la mozarella pour plus tard. La dernière couche doit être une couche de ricotta. Couvrez le plat de papier d'aluminium en serrant bien.

Enfournez pour 45 à 50 min de cuisson. Retirez le papier d'aluminium et parsemez les lasagnes du reste de mozzarella. Préchauffez le gril du four. Placez la grille du four à environ 10 cm de la résistance. Faites griller les lasagnes 3 à 5 min, jusqu'à ce que la mozzarella soit fondue, qu'elle bouillonne et soit un peu grillée.

Laissez refroidir 5 min avant de servir.

Pâtes crémeuses aux poivrons rouges

Pour 4 à 6 personnes | Préparation : 15 min | Cuisson : 20 min | Total : 35 min

La plupart de mes recettes sont nées du besoin de vider mes placards. Un jour, un truc a attiré mon regard au rayon « bonnes affaires » d'un supermarché et j'ai acheté une douzaine de bocaux de poivrons rouges grillés pour moins d'1 $, le deal du siècle ! Après en avoir mis dans des salades, des salsas, des soupes et sur des pizzas, ma liste de plats-dans-lesquels-mettre-des-poivrons-grillés a commencé à me paraître un peu limitée… jusqu'à ce que j'en ajoute dans une sauce pour les pâtes et que j'obtienne un résultat exceptionnel : pimenté, relevé, un peu sucré, crémeux à souhait.

Si vous êtes fans des pasta alla vodka, cette recette devrait vous plaire. C'est un peu sa cousine, avec plus de personnalité. Les poivrons rouges grillés donnent à la sauce un petit goût sucré, plus de corps et une rondeur en bouche, en plus d'une belle couleur orange qui ne manquera pas de tacher votre tee-shirt blanc à la première bouchée empressée.

- sel
- 450 g de pâtes au choix, des rigatonis, des conchiglies ou des spaghettis, par ex.
- 12 cl d'huile d'olive vierge extra, plus un filet
- 2 échalotes de taille moyenne grossièrement émincées
- 2 cuil. à soupe de concentré de tomates
- 6 gousses d'ail grossièrement hachées
- 2 cuil. à café de poivre noir grossièrement concassé
- ½ cuil. à café de flocons de piment rouge, ou plus à votre convenance
- ½ cuil. à café de piment de Cayenne
- 2 bocaux de 450 g de poivrons rouges grillés, égouttés
- 125 g de parmesan finement râpé, plus un peu pour le service
- 1 bouquet de basilic frais effeuillé ciselé

Portez une grande casserole d'eau bien salée à ébullition à feu moyen-vif. Faites-y cuire les pâtes 3 min de moins que les indications du paquet. Égouttez-les en réservant 75 cl de leur eau de cuisson.

Dans une grande cocotte, faites chauffer l'huile à feu moyen. Faites-y revenir les échalotes environ 4 min, en mélangeant de temps à autre, jusqu'à ce qu'elles soient tendres et translucides. Ajoutez le concentré de tomates, l'ail, le poivre noir, les flocons de piment et le piment de Cayenne. Faites cuire 2 ou 3 min, sans cesser de remuer, jusqu'à ce que le mélange soit odorant. Ajoutez les poivrons grillés, mélangez-les avec les épices et l'huile, et laissez cuire environ 3 min, jusqu'à ce que les poivrons colorent l'huile et soient chauds. Retirez la cocotte du feu.

Transférez délicatement les poivrons dans un blender ou un robot de cuisine. Ajoutez le parmesan, 25 cl d'eau de cuisson des pâtes et le basilic. Retirez le bouchon du blender pour laisser s'échapper la vapeur et mixez jusqu'à ce que la préparation soit bien lisse.

Remettez la sauce dans la cocotte et placez à feu moyen. Ajoutez les pâtes égouttées et un peu de leur eau de cuisson. Laissez mijoter 3 à 5 min, sans cesser de mélanger, jusqu'à ce que les pâtes soient cuites et que la sauce soit crémeuse. Diluez la sauce avec un peu d'eau de cuisson des pâtes, puis goûtez et rajoutez du sel si nécessaire.

Répartissez les pâtes dans des assiettes creuses, parsemez de parmesan et arrosez d'un filet d'huile d'olive vierge extra.

Pâtes aux courgettes caramélisées

et au beurre noisette

Pour 4 à 6 personnes | Préparation : 30 min | Cuisson : 40 min | Total : 1 h 10

Dans tous les lieux où j'ai vécu, j'ai toujours eu un voisin qui m'a gâtée avec des courgettes ou des courges de sa production chaque été. « Gâtée », c'est un bien grand mot. C'est un cadeau pour les deux premières courges géantes. Puis l'enthousiasme s'évanouit et on commence à paniquer en imaginant quoi faire avec les trois courgettes ridiculement énormes qui vous narguent sur votre plan de travail. C'est cette recette que vous devez faire ! Elle nécessite une quantité insensée de courges que l'on fait réduire jusqu'à obtenir une base très parfumée, parfaite pour des pâtes.

- 2,8 kg de courgettes (environ 10 courgettes de taille moyenne)
- 80 g de sel, plus un peu si nécessaire
- 150 g de beurre doux
- 4 gousses d'ail coupées en fines rondelles
- 1 cuil. à soupe de zeste de citron râpé (2 petits citrons)
- poivre noir du moulin
- 450 g de pâtes longues sèches

Pour le service

- parmesan râpé
- feuilles de basilic frais
- huile d'olive vierge extra, pour arroser les pâtes

Coupez les extrémités des courgettes. Avec une mandoline ou un couteau tranchant, coupez les courgettes en biais, en rondelles de 3 mm d'épaisseur. Mettez-les dans un grand saladier. Ajoutez le sel et massez 3 ou 4 min, pour le faire pénétrer dans les rondelles de courgette en les pressant entre vos mains (certaines rondelles vont se déchirer, ce n'est pas grave du tout). Le sel va extraire l'eau des courgettes et les attendrir. Laissez reposer 10 min.

Posez une passoire sur un grand saladier. Versez les courgettes dans la passoire. Le saladier va se remplir d'environ 75 cl de liquide. En plusieurs fois, pressez des poignées de courgettes au-dessus du saladier pour éliminer l'excédent d'eau. Vous devriez récupérer entre 25 et 50 cl de liquide supplémentaires. Réservez l'eau des courgettes.

Dans une grande casserole, faites fondre 90 g de beurre à feu moyen-vif. Ajoutez un tiers des courgettes. Pressez-les avec une spatule en silicone pour obtenir une couche uniforme. Faites frire les courgettes 9 à 12 min, en les mélangeant toutes les 3 ou 4 min, ou dès qu'elles présentent des taches dorées. Baissez le feu si nécessaire pour empêcher les courgettes de brûler. Avec une écumoire, transférez les courgettes caramélisées dans un saladier. Répétez l'opération en deux fois avec le reste des courgettes, en ajoutant 30 g de beurre dans la casserole avant chaque tournée.

Remettez les courgettes caramélisées dans la casserole à feu moyen. Ajoutez l'ail, le zeste de citron et le poivre noir. Faites cuire environ 2 min, jusqu'à ce que l'ail et le citron dégagent tous leurs arômes. Retirez la casserole du feu.

Pendant ce temps, versez le jus salé des courgettes dans une grande casserole et ajoutez assez d'eau pour faire cuire les pâtes. Portez à ébullition. Faites-y cuire les pâtes 3 min de moins que les indications du paquet.

Remettez la casserole de courgettes à feu moyen. Avec une pince ou une écumoire, transférez les pâtes directement de la casserole d'eau à la casserole de courgettes et ajoutez environ 25 cl de leur eau de cuisson. Mélangez avec une pince pour enrober les pâtes de courgettes, en rajoutant éventuellement de l'eau de cuisson pour délayer le tout. Goûtez et salez si nécessaire.

Pour le service : parsemez de parmesan râpé, de basilic et arrosez d'un filet d'huile d'olive.

Pâtes au pesto aux citrons caramélisés

Pour 4 à 6 personnes | Préparation : 25 min | Cuisson : 25 min | Total : 50 min

Nouvelle page, nouvelle recette aux citrons caramélisés ! Ce n'est pas la première fois que vous voyez cet ingrédient dans ce livre. Je l'aime tellement que je me suis fixé comme objectif de vous démontrer sa polyvalence, que je le mette en vedette dans une sauce, sur du poulet frit (voir les escalopes de poulet panées, page 81) ou dans une vinaigrette pour la salade (voir la salade verte croquante à la vinaigrette aux agrumes caramélisés, page 205). Ce pesto aux citrons est né dans une recette complètement différente qui n'a pas du tout fonctionné. J'ai alors décidé de mixer les citrons caramélisés omniprésents dans mon frigo en une sorte de pesto. Si ce « pesto » ne contient pas de basilic, vous ne serez pas en manque de saveurs. Cette pâte de citrons forme une émulsion avec l'eau de cuisson des pâtes riche en amidon pour donner une sauce ultra-gourmande, prête à napper vos pâtes préférées. C'est original et familier à la fois — mon combo préféré.

135 g de noix hachées

20 cl d'huile d'olive vierge extra, plus pour la cuisson des citrons

3 citrons Meyer de taille moyenne ou 3 citrons classiques (page 21) coupés en très fines rondelles (3 à 6 mm), sans les pépins, les extrémités réservées

125 g de parmesan finement râpé, plus un peu pour le service

3 gousses d'ail

sel

450 g de pâtes, n'importe quelle forme

Dans une grande poêle, faites griller les noix 3 ou 4 min à feu moyen, en secouant de temps à autre, jusqu'à ce qu'elles dégagent tous leurs arômes et soient grillées. Retirez la poêle du feu. Transférez les noix dans un robot de cuisine. Essuyez soigneusement la poêle.

Remettez-la à feu moyen et versez-y environ 2 cuil. à soupe d'huile d'olive. En faisant plusieurs fournées, disposez les rondelles de citron en une seule couche dans la poêle. Faites griller les rondelles de citron sans les toucher 2 ou 3 min, jusqu'à ce qu'elles commencent à caraméliser et à colorer autour des membranes blanches et de l'écorce. Retournez-les et laissez-les cuire 2 ou 3 min, jusqu'à ce que presque toute la chair du centre ait disparu et que les rondelles aient caramélisé. Réservez quelques rondelles de citron frites pour le service et transférez le reste des rondelles ainsi que l'huile résiduelle dans le robot. Utilisez les extrémités des citrons pour nettoyer la poêle entre les fournées et transférez tous les résidus solides dans le robot, puis jetez les extrémités des citrons. De cette manière, il ne restera plus de petits morceaux de citron dans la poêle, qui risqueraient de brûler lors de la cuisson de la fournée suivante. Répétez l'opération avec le reste des rondelles de citron, en ajoutant 2 cuil. à soupe d'huile.

Ajoutez le parmesan, l'ail, 20 cl d'huile d'olive et une bonne pincée de sel dans le bol du robot. Mixez jusqu'à obtention d'une pâte grossière. Goûtez et rajoutez du sel ou de l'huile d'olive si nécessaire.

Pendant ce temps, portez une grande casserole d'eau bien salée à ébullition à feu moyen-vif. Ajoutez les pâtes et faites-les cuire 1 min de moins que les indications du paquet. Égouttez les pâtes en réservant 50 cl d'eau de cuisson, puis remettez-les dans la casserole.

Placez la casserole de pâtes à feu doux, puis ajoutez le pesto et environ 25 cl d'eau de cuisson. Mélangez pour bien napper les pâtes de pesto, en rajoutant de l'eau de cuisson si nécessaire, un trait à la fois pour obtenir une consistance nacrée.

Répartissez les pâtes dans des assiettes creuses, ajoutez les rondelles de citron réservées, parsemez généreusement de parmesan et servez immédiatement.

Pâtes doublement aillées en 15 minutes chrono

Pour 4 à 6 personnes | Préparation : 5 min | Cuisson : 10 min | Total : 15 min

J'adore les pâtes *aglio e olio*, c'est une recette super simple qui a tout bon. Mais vous savez quoi ? J'aimerais qu'elles soient encore plus aillées. Quand on fait grésiller l'ail dans l'huile, il perd sa saveur piquante, alors dans cette recette, on va doubler la dose. Vous retrouverez toutes les saveurs d'un classique *aglio e olio* mais dopées. Nous allons non seulement faire sauter l'ail pour parfumer l'huile pour la sauce, mais nous allons aussi ajouter des gousses d'ail frais directement dans les pâtes dès qu'elles sont cuites. La chaleur résiduelle va les faire cuire juste ce qu'il faut pour éliminer leur âcreté, en préservant leur goût punchy dont je ne me lasse pas.

sel

450 g de pâtes, n'importe quelle forme

8 cl d'huile d'olive vierge extra, plus un filet

10 gousses d'ail coupées en fines rondelles, plus 8 gousses d'ail émincées ou finement râpées

½ bouquet de persil finement ciselé

2 piments Fresno rouges frais, finement émincés

1½ cuil. à café de piment d'Alep ou de flocons de piment rouge

120 g de beurre doux coupé en dés

parmesan râpé, pour le service (facultatif)

Portez une grande casserole d'eau bien salée à ébullition à feu moyen-vif. Faites-y cuire les pâtes 3 min de moins que les indications du paquet. Retirez la casserole du feu.

Pendant ce temps, dans une grande poêle, mélangez l'huile, 10 gousses d'ail coupées en fines rondelles, les deux tiers du persil environ, les piments Fresno et le piment d'Alep. Faites cuire 2 ou 3 min à feu moyen, jusqu'à ce qu'ils commencent à dégager tous leurs arômes.

Avec une pince ou une écumoire, mettez les pâtes dans la poêle avec 25 cl de leur eau de cuisson. Mélangez pour émulsionner l'eau de cuisson des pâtes et l'huile afin d'obtenir une sauce fluide et onctueuse. Rajoutez de l'eau de cuisson si nécessaire et laissez mijoter encore 1 ou 2 min, jusqu'à ce que les pâtes soient bien cuites. Retirez la casserole du feu.

Ajoutez le beurre, le reste du persil et le reste des gousses d'ail râpées ou émincées, puis mélangez jusqu'à ce que le beurre soit fondu et parfaitement incorporé. Goûtez et rajoutez du sel si nécessaire.

Répartissez les pâtes dans des assiettes creuses, parsemez de parmesan et arrosez d'un filet d'huile d'olive. Servez immédiatement.

veggie party

Ragoût réconfortant de champignons
à la polenta crémeuse

Pour 4 personnes | Préparation : 20 min | Cuisson : 1 h 25 | Total : 1 h 45

Quand nous étions enfants, mes cousins et moi allions souvent cueillir des chanterelles avec nos mères dans les collines de notre village. Ma tante les identifiait, ma mère portait le panier et nous jouions à cache-cache. Ce n'était pas des produits de luxe pour nous. Nous rentrions à la maison et nous nous mettions au travail. Les enfants brossaient les champignons pendant que ma tante faisait revenir des légumes coupés en morceaux pour la base du ragoût. Elle ajoutait ensuite les chanterelles fraîches et terminait le plat en le parsemant de persil frais. Même si je ne vous forcerais pas à aller cueillir des chanterelles, ni à dépenser des sommes folles pour en acheter assez pour cette recette, je vous encourage à utiliser un mélange de champignons pour que les saveurs de ce ragoût soit plus complexes.

Pour le ragoût de champignons

6 cuil. à soupe d'huile d'olive vierge extra

700 à 900 g de champignons mélangés, déchirés en morceaux

sel

2 échalotes finement hachées

4 gousses d'ail émincées

1½ cuil. à café de graines de cumin

½ cuil. à café de poivre noir

¼ de cuil. à café de flocons de piment rouge

2 cuil. à soupe de sauce soja

1 cuil. à soupe de vinaigre de riz

2 cuil. à soupe de fécule de maïs

3 cuil. à soupe de persil ciselé

Pour la polenta crémeuse

sel

250 g de polenta fine

12 cl de crème liquide entière

50 g de parmesan râpé râpé

50 g de beurre doux

Pour le service

huile d'olive vierge extra, pour arroser les pâtes

parmesan râpé

persil frais ciselé

Préparez le ragoût de champignons : dans une grande cocotte, faites chauffer 4 cuil. à soupe d'huile à feu moyen-vif. Faites-y revenir les champignons et une grosse pincée de sel 20 à 30 min, en remuant fréquemment, jusqu'à ce qu'ils soient dorés et que leur pourtour commence à être croustillant. Transférez-les dans un plat.

Baissez à feu moyen et faites chauffer le reste de l'huile. Ajoutez les échalotes et faites-les cuire environ 4 min, en remuant de temps à autre, jusqu'à ce qu'elles soient tendres et translucides. Ajoutez l'ail, les graines de cumin, le poivre noir et les flocons de piment. Laissez cuire 1 ou 2 min, jusqu'à ce qu'ils dégagent tous leurs arômes. Ajoutez la sauce soja et le vinaigre, puis grattez le fond de la cocotte avec une cuillère en bois.

Remettez les champignons dans la cocotte, ajoutez la fécule et mélangez jusqu'à ce que les champignons soient bien enrobés. Versez progressivement 50 cl d'eau sans cesser de remuer. Portez à ébullition. Baissez à feu doux-moyen et poursuivez la cuisson 10 à 15 min, en mélangeant de temps à autre, jusqu'à ce que le ragoût épaississe. Goûtez et rectifiez l'assaisonnement en rajoutant du sel ou des flocons de piment si nécessaire. Retirez la cocotte du feu et incorporez le persil.

Préparez la polenta : portez 1 l d'eau à ébullition dans une casserole de taille moyenne, à feu moyen. Salez généreusement l'eau. Versez la polenta en pluie sans cesser de fouetter. Baissez à feu doux-moyen et laissez mijoter 15 à 20 min, en fouettant toutes les min, jusqu'à ce que la polenta ait une consistance similaire à de la purée de pommes de terre. Si elle devient trop difficile à fouetter, prenez une cuillère en bois.

Incorporez la crème et le parmesan, puis continuez de fouetter 8 à 10 min. Goûtez la polenta. Si les grains se sentent encore trop, poursuivez la cuisson. Si elle est crémeuse et que chaque grain est tendre, elle est prête. Retirez la casserole du feu. Ajoutez le beurre et mélangez jusqu'à ce qu'il soit fondu. Goûtez et salez de nouveau si nécessaire.

Pour le service : déposez une grosse cuillerée de polenta sur une assiette et creusez un puits au centre. Dressez le ragoût de champignons sur la polenta et arrosez d'un filet d'huile d'olive, puis parsemez de parmesan et de persil.

Gros haricots blancs al limone

Pour 2 à 4 personnes | Préparation : 5 min | Cuisson : 15 min | Total : 20 min

Pensez *pasta al limone*, mais avec des haricots : de gros haricots blancs nappés d'une sauce citronnée. Et, c'est un peu un leitmotiv chez moi, mais les gros haricots blancs, appelés aussi haricots de Lima ou pois du Cap, éclipsent la plupart des haricots. Ils conservent leur forme à la cuisson, possèdent une texture plus ferme et retiennent bien toutes les sauces. Ils font penser à de petits dumplings, prêts à absorber tous les toppings.

J'adore faire cette recette et doubler les quantités pour déguster les restes au déjeuner, au dîner, voire au petit-déjeuner. C'est l'une de ces recettes faciles qui donnent l'impression que vous vous êtes donné beaucoup de mal, alors qu'elle ne vous a pris que 15 min. Ajoutez un œuf mollet coulant si vous le souhaitez ! Le jaune crémeux va enrober les haricots, se mélanger à la sauce et il ne vous manquera plus qu'un morceau de pain croustillant à tremper dedans.

2 à 4 gros œufs(facultatif)

2 boîtes de 400 g de gros haricots blancs ou pois du Cap (haricots de Lima) en conserve, égouttés et rincés (voir note)

2 cuil. à café de zeste de citron râpé (1 petit citron environ)

12 cl de jus de citron (environ 1½ citron)

sel

25 g de parmesan finement râpé

45 g de beurre doux

Pour le service

parmesan finement râpé

zeste de citron râpé

flocons de piment rouge (facultatif)

huile d'olive vierge extra

flocons de sel

pain croustillant

Si vous ajoutez des œufs, remplissez un bol d'eau glacée. Portez une petite casserole d'eau à ébullition à feu moyen-vif. Déposez délicatement les œufs dans l'eau à l'aide d'une cuillère. Pour un jaune coulant, comptez 6 min de cuisson, pour un jaune crémeux, 7 ou 8 min, pour des œufs durs, 10 à 12 min. Retirez la casserole du feu et transférez immédiatement les œufs dans l'eau glacée.

Dans une casserole de taille moyenne, mélangez les haricots, le zeste et le jus de citron, et une pincée de sel. Faites cuire 6 à 8 minutes à feu moyen, en mélangeant fréquemment, jusqu'à ce que le jus de citron ait réduit et que les haricots aient l'air nappés de sauce.

Baissez à feu doux-moyen, puis ajoutez le parmesan et le beurre. Avec une cuillère en bois, fouettez énergiquement pour incorporer le fromage et le beurre aux haricots tout en secouant la casserole d'avant en arrière. Ce mouvement constant va aider à émulsifier le fromage et le beurre, pour créer une sauce veloutée. Ajoutez 1 cuil. à soupe d'eau pour diluer la sauce si nécessaire.

Pour le service : répartissez les haricots dans des assiettes creuses, parsemez de parmesan râpé, de zeste de citron et éventuellement de flocons de piment, puis arrosez d'un généreux filet d'huile d'olive. Écalez les œufs et posez-les sur les haricots, puis coupez-les en deux pour que les jaunes coulent sur les haricots. Parsemez de flocons de sel et servez immédiatement avec du pain croustillant.

Note : *si vous ne trouvez pas de pois du Cap (haricots de Lima), vous pouvez utiliser des pois chiches ou des haricots blancs normaux.*

Tourte-gratin gourmande aux légumes

Pour 6 à 8 personnes | Préparation : 30 min | Cuisson : 50 min | Total : 1 h 20

Rien ne me paraît plus gourmand que des ingrédients mijotés, bien juteux, recouverts d'une pâte feuilletée au beurre. Le meilleur avec cette délicieuse tourte-gratin, c'est qu'elle se prépare avec tout ce que vous avez dans votre frigo. N'ayez pas peur de vous l'approprier. Jouez avec les épices et utilisez tous vos restes de légumes !

Si vous avez des restes, c'est super bon au petit-déjeuner avec un œuf au plat. J'aime bien m'en faire réchauffer une part dans mon mini-four pendant que mon œuf cuit.

Pour la garniture

6 cl d'huile d'olive vierge extra

1 oignon jaune émincé

sel

3 branches de céleri coupées en morceaux

3 carottes coupées en morceaux

1 poivron rouge coupé en morceaux

2 cuil. à soupe de romarin ciselé

4 gousses d'ail émincées

1½ cuil. à café de paprika doux

½ cuil. à café de cumin moulu

¼ de cuil. à café de piment de Cayenne

2 boîtes de 420 g de lentilles vertes en conserve, égouttées et rincées

2 cuil. à soupe de fécule de maïs

25 cl de lait entier ou de boisson végétale non sucrée

2 ou 3 cuil. à soupe de persil ciselé, plus un peu pour le service

Pour la pâte

1 gros œuf ou 1 cuil. à soupe de boisson végétale non sucrée, pour la dorure

farine, pour le plan de travail

225 g de pâte feuilletée

Préchauffez le four à 200 °C (th. 6-7).

Préparez la garniture : faites chauffer l'huile dans une grande cocotte ou un faitout à fond épais allant au four, à feu moyen. Faites-y revenir l'oignon avec une grosse pincée de sel 4 ou 5 min, en mélangeant de temps à autre, jusqu'à ce qu'il soit tendre et translucide. Ajoutez le céleri et les carottes, puis poursuivez la cuisson 6 à 8 min, sans cesser de remuer, jusqu'à ce que les carottes commencent à s'attendrir. Ajoutez le poivron rouge et le romarin, puis laissez cuire 3 ou 4 min, sans cesser de remuer, jusqu'à ce que le poivron soit tendre. Ajoutez l'ail, le paprika, le cumin et le piment de Cayenne, puis faites revenir 1 ou 2 min, sans cesser de remuer, jusqu'à ce qu'ils dégagent tous leurs arômes. Incorporez les lentilles.

Ajoutez la fécule et mélangez avec une cuillère en bois pour bien enrober les légumes. Sans cesser de remuer, versez 25 cl d'eau, puis le lait. Laissez cuire 4 ou 5 min, en remuant de temps à autre, jusqu'à ce que le mélange ait visiblement épaissi. Retirez la cocotte du feu et incorporez le persil. Goûtez et rectifiez l'assaisonnement si nécessaire.

Transférez la préparation dans un poêlon en fonte ou un plat de 23 à 25 cm.

Préparez la pâte : dans un bol, fouettez l'œuf avec 1 cuil. à soupe d'eau pour faire une dorure. Si vous utilisez une boisson végétale, mettez-la dans un bol.

Farinez le plan de travail. En travaillant rapidement pour que la pâte reste froide, abaissez-la sur une épaisseur de 5 mm. Avec un verre ou un emporte-pièce, découpez autant de disques que possible dans la pâte. Déposez les disques de pâte sur les légumes, en évitant au maximum qu'ils se chevauchent. Dorez légèrement les disques de pâte.

Enfournez pour environ 25 min de cuisson, jusqu'à ce que la pâte ait gonflée et qu'elle soit dorée et ferme au toucher. Laissez refroidir 5 min avant de servir.

Répartissez dans des assiettes, parsemez de persil et servez.

Note : *cette recette utilise du céleri, des carottes et du poivron, mais vous pouvez la faire avec n'importe quel légume en perdition dans votre cuisine. Ça peut être des tiges de brocoli, un demi-chou, une moitié de chou-fleur, des fleurettes de chou-fleur desséchées, une vieille courgette — tout est bon !*

Shawarma de champignons

Pour 4 personnes | Préparation : 45 min | Cuisson : 40 min | Total : 1 h 25

Cette recette sans viande ravira à coup sûr tous les estomacs affamés. Ce shawarma de champignons est l'alternative végétarienne parfaite à ce plat de street food si populaire. Les champignons absorbent comme de petites éponges les saveurs fumées et gourmandes des épices. Fourrez-les dans un pain pita aérien avec de la salade verte et une bonne cuillerée de yaourt à l'ail, et régalez-vous !

Pour les champignons grillés épicés

6 cuil. à soupe d'huile d'olive vierge extra

4 gousses d'ail râpées

½ cuil. à soupe de concentré de tomates

1 cuil. à soupe de moutarde de Dijon

1 cuil. à soupe de sucre

1½ cuil. à café de cumin moulu

1 cuil. à café de paprika doux

½ cuil. à café de cannelle moulue

600 g de champignons (pleurotes ou cèpes, par ex.) déchirés

3 échalotes coupées en rondelles

Pour la salade shirazi

2 tomates Roma coupées en dés

2 mini-concombres coupés en dés

1 petite échalote hachée

3 cuil. à soupe de persil ciselé

2 cuil. à soupe d'huile d'olive vierge extra

1 cuil. à soupe de vinaigre de riz ou de jus de citron

Pour le yaourt à l'ail

200 g de yaourt à la grecque

2 ou 3 cuil. à soupe d'aneth ciselé

2 gousses d'ail pressées

1 cuil. à soupe de vinaigre de riz ou de jus de citron

sel

4 à 8 pitas chauds, pour le service

Préparez les champignons : dans un saladier, mélangez au fouet 4 cuil. à soupe d'huile d'olive, l'ail, le concentré de tomates, la moutarde, le sucre, le cumin, le paprika, la cannelle et une grosse pincée de sel (voir note). Ajoutez les champignons et les échalotes, puis mélangez pour bien les enrober de marinade. Laissez mariner 15 min.

Préchauffez le four à 210 °C (th. 7). Tapissez deux plaques de papier sulfurisé.

Répartissez les champignons marinés entre les deux plaques en les étalant en une couche uniforme et en les espaçant un peu.

Enfournez pour 25 à 30 min de cuisson, jusqu'à ce que les champignons aient bruni et réduit. Arrosez-les du reste de l'huile d'olive. Avec une pince, mélangez les champignons pour bien les enrober d'huile, puis enfournez-les de nouveau pour 8 à 10 min de cuisson, jusqu'à ce que les échalotes soient caramélisées et que les champignons soit bien bruns et un peu croustillants.

Préparez la salade shirazi : dans saladier, mélangez les tomates, les concombres, l'échalote, le persil, l'huile d'olive, le vinaigre et une grosse pincée de sel. Goûtez et rectifiez l'assaisonnement si nécessaire.

Préparez le yaourt à l'ail : dans un bol, mélangez le yaourt, l'aneth, l'ail, le vinaigre et une pincée de sel. Goûtez et rectifiez l'assaisonnement si nécessaire.

Pour le service : fourrez les champignons à l'intérieur des pitas chauds, garnissez de salade et arrosez de yaourt à l'ail. Servez immédiatement.

Note : *ne vous laissez pas intimider par la longue liste des ingrédients pour la marinade des champignons. S'il vous en manque un ou deux, remplacez-les par ce que vous avez dans vos placards. Plus de cannelle ? Mettez un tout petit peu de clou de girofle moulu à la place. Pas de ketchup ? Essayez votre sauce pimentée préférée ou une cuillerée de concentré de tomates.*

Lecsó hongrois
(ragoût de poivrons au paprika)

Pour 4 personnes | Préparation : 15 min | Cuisson : 1 h | Total : 1 h 15

Un simple ragoût d'oignons, de poivrons et de tomates peut-il vraiment être aussi bon ? Je suis là pour vous dire que oui, c'est possible ! *Lecsó* (prononcez lech-o) est un plat incontournable dans toutes les familles hongroises — un modeste ragoût de poivrons bourré de saveurs qu'on m'a servi pendant toute mon enfance. La suave odeur des poivrons en train de mijoter avec des oignons et des tomates me ramène à chaque fois à cette période de ma vie.

Cette recette hongroise traditionnelle englobe presque tout ce qui constitue la cuisine avec laquelle j'ai grandi, et démontre qu'avec quelques ingrédients simples, on peut créer un plat magique. Avec un peu de temps et de patience, les légumes et les épices mijotent et compotent pour donner un ragoût fondant. Il existe autant de versions de ce plat que vous pouvez l'imaginer : certaines familles ajoutent de la viande, d'autres du riz, mais chez moi, on fait simple et on le sert avec du pain croustillant, parfois un œuf au plat posé dessus quand on est en forme.

6 cl d'huile neutre (tournesol ou pépin de raisin)

3 oignons jaunes de taille moyenne (environ 680 g) coupés en fines rondelles

sel

4 gousses d'ail émincées

1 cuil. à soupe de paprika doux

½ cuil. à café de piment de Cayenne, plus un peu si nécessaire

4 poivrons rouges ou jaunes de taille moyenne (environ 700 g) coupés en rondelles

1 boîte de 840 g de tomates entières pelées en conserve

pain croustillant, par ex. du pain au levain, du pain de campagne ou de la ciabatta, pour le service

persil frais, pour le service

Dans une grande cocotte, faites chauffer l'huile à feu moyen, jusqu'à ce qu'elle soit bien chaude et qu'elle fume presque. Faites-y revenir les oignons avec une grosse pincée de sel 4 ou 5 min, sans cesser de remuer, jusqu'à ce qu'ils soient tendres et translucides. Si l'huile émet trop de projections ou que les oignons commencent à brûler, baissez à feu doux-moyen. Ajoutez l'ail, le paprika et le piment de Cayenne, puis faites revenir 1 ou 2 min, jusqu'à ce qu'ils dégagent tous leurs arômes. Augmentez à feu moyen si vous avez réduit le feu précédemment, puis ajoutez les poivrons et encore une pincée de sel. Laissez cuire environ 15 min, en remuant de temps à autre, jusqu'à ce que les légumes soient assez tendres.

Ajoutez les tomates en conserve, en les écrasant avec les mains ou avec une cuillère en bois. Portez à ébullition. Baissez à feu doux-moyen et laissez mijoter 25 à 30 min, jusqu'à ce que presque tout le liquide se soit évaporé et que le ragoût ait confit un peu. Vous pouvez rajouter quelques traits d'eau pour obtenir la consistance souhaitée. Goûtez et rajoutez du sel si nécessaire.

Servez chaud avec beaucoup de pain frais et de persil.

Note : *si vous voulez pimper des restes de lecsó, ce ragoût de poivrons fait une excellente base de soupe. Dans une casserole de taille moyenne, faites revenir une échalote et quelques gousses d'ail, jusqu'à ce qu'elles soient tendres, puis ajoutez un peu de ragoût de poivrons, de la chair de poulet rôti, quelques petites pâtes sèches, des ditalinis ou des perles de couscous, par ex., des feuilles de kale déchirées et du bouillon de poulet. Salez, poivrez, rajoutez éventuellement du paprika, puis laissez mijoter jusqu'à ce que les pâtes soient cuites. Tadam ! Le dîner est prêt.*

Risotto au four,
tomates grillées et burrata

Pour 4 à 6 personnes | Préparation : 10 min | Cuisson : 50 min | Total : 1 h

Le risotto est un plat italien crémeux à base de riz, à la cuisson lente, parfumé avec des ingrédients comme du vin, du bouillon, beaucoup de beurre et du fromage finement râpé. Si ce n'est pas pour vous la description du plat le plus réconfortant qui soit, je ne sais plus quoi vous dire.

Le risotto oblige de rester à côté de la casserole à jouer les babysitteurs du riz, en ajoutant le bouillon louche par louche, sans cesser de remuer pendant 40 min, jusqu'à ce que le riz ait absorbé tout le liquide. Ici, nous mélangeons le riz et des tomates grillées avec tout le bouillon et nous enfournons le plat jusqu'à ce que le riz ait absorbé presque tout le liquide. Zéro touillage, zéro intervention. On termine avec une belle burrata qui coule dans le riz.

- ¼ de cuil. à café de graines de fenouil
- 4 cuil. à soupe d'huile d'olive vierge extra, plus pour le service
- 1 petit bouquet d'origan ou de thym frais (5 à 8 brins)
- 700 g de tomates cerise
- sel
- 1 échalote de taille moyenne finement hachée
- 1 cuil. à soupe bombée de concentré de tomates
- 200 g de riz arborio
- 1 cuil. à café de poivre noir du moulin, plus pour le service
- 1 cuil. à café de flocons de piment rouge
- 6 cl de vin rouge ou d'eau
- 1 tête d'ail, le dessus coupé pour exposer les gousses, avec la racine
- 75 g de parmesan finement râpé
- 45 g de beurre doux
- 225 g de burrata égouttée
- flocons de sel, pour le service

Préchauffez le four à 190 °C (th. 6-7).

Dans un mortier, écrasez grossièrement les graines de fenouil avec un pilon. (Vous pouvez aussi les mettre dans un sac en plastique zippé ou dans un torchon, et les écraser avec un rouleau à pâtisserie.)

Dans une grande cocotte, faites chauffer 1 cuil. à soupe d'huile et l'origan 2 min à feu moyen, sans cesser de remuer. Ajoutez les tomates et une pincée de sel. Mélangez pour enrober les tomates d'huile. Couvrez à moitié la cocotte pour empêcher les projections d'huile. Laissez cuire les tomates 4 à 6 min, sans toucher, jusqu'à ce qu'elles éclatent et soient légèrement dorées sur un côté. Mélangez les tomates, remettez le couvercle en place, et laissez cuire 3 à 5 min, jusqu'à ce que les tomates aient entièrement éclaté et soient bien grillées. Réservez environ 200 g de tomates pour le dressage.

Ajoutez l'échalote et le concentré de tomates dans la cocotte. Mélangez. Laissez cuire environ 2 min, jusqu'à ce que le concentré de tomates prenne une coloration plus foncée. Si les résidus solides au fond de la cocotte cuisent trop rapidement, déglacez avec un trait d'eau et grattez le fond avec une cuillère en bois. Ajoutez le reste de l'huile, le riz, le poivre noir, les flocons de piment et les graines de fenouil écrasées. Laissez cuire environ 2 min, jusqu'à ce que le riz soit bien enrobé d'huile et que les épices soient odorantes. Ajoutez le vin et mélangez pendant 1 min. Ajoutez 1 l d'eau et une grosse pincée de sel, puis portez à ébullition. Coupez la tête d'ail en deux et posez les deux moitiés sur le riz, couvrez la cocotte.

Enfournez pour 30 à 35 min de cuisson, jusqu'à ce que le riz ait absorbé tout le liquide.

Jetez les herbes, écrasez les gousses d'ail sur le plat et jetez les peaux. Ajoutez le parmesan et le beurre, puis mélangez jusqu'à ce qu'ils soient parfaitement incorporés. Si nécessaire, délayez le risotto avec un peu d'eau. Goûtez et rajoutez du sel si nécessaire.

Déchirez la burrata sur le risotto et ajoutez les tomates grillées, beaucoup d'huile d'olive, des flocons de sel et du poivre noir.

Répartissez le risotto dans des assiettes creuses et servez immédiatement.

Gros haricots blancs alla vodka

Pour 4 personnes | Préparation : 15 min | Cuisson : 25 min | Total : 40 min

Qui n'apprécie pas les repas faciles à préparer après une longue journée, avec des ingrédients qu'on a tous dans nos placards ? Ces haricots blancs mijotés très réconfortants correspondent tout pile à cette définition. Dans un monde où l'on transforme les haricots en brownies, en pâtes et en burgers, les servir entiers avec une sauce destinée habituellement à des pâtes semble presque être un acte de rébellion. Et surtout, ne faites pas l'impasse sur le pain grillé frotté à l'ail ! Ça lie vraiment le tout.

Que je prévoie de le partager ou non, j'aime bien en préparer une grande quantité. J'attends toujours le lendemain avec impatience pour déguster les restes accompagnés d'un œuf au plat.

6 cl d'huile d'olive vierge extra

2 échalotes de taille moyenne finement hachées

2 cuil. à soupe bombées de concentré de tomates

6 gousses d'ail coupées en fines rondelles

1 cuil. à café de flocons de piment rouge

2 cuil. à soupe de vodka ou d'eau

2 boîtes de 400 g de gros haricots blancs ou pois du Cap (haricots de Lima) en conserve, égouttés et rincés (voir note)

240 g de crème fraîche épaisse ou de crème de coco

50 g de parmesan râpé finement râpé

sel et poivre noir du moulin

60 g de beurre doux (facultatif)

Pour le service

tranches de pain croustillant, de la ciabatta, du pain au levain ou du pain de campagne, par ex.

1 gousse d'ail coupée en deux

huile d'olive vierge extra, pour arroser le plat

parmesan râpé

flocons de piment rouge

persil ciselé (facultatif)

Dans une casserole de taille moyenne, faites chauffer l'huile d'olive à feu moyen. Faites-y revenir les échalotes 3 ou 4 min, jusqu'à ce qu'elles soient translucides et tendres. Ajoutez le concentré de tomates et laissez cuire 3 ou 4 min, jusqu'à ce qu'il soit odorant et prenne une couleur rouge foncé. Baissez à feu doux-moyen, puis ajoutez l'ail et les flocons de piment. Laissez cuire encore 1 min, sans cesser de remuer, jusqu'à ce que l'ail soit tendre et dégage tous ses arômes. Ajoutez la vodka et mélangez en grattant le fond de la casserole pour décoller les résidus solides.

Ajoutez les haricots, la crème et 12 cl d'eau. Augmentez à feu moyen-vif et portez à ébullition. Baissez le feu pour que le liquide frémisse et laissez mijoter 15 à 20 min, à feu doux-moyen, en mélangeant de temps à autre, jusqu'à ce que la sauce ait réduit et soit bien homogène. Rajoutez un peu d'eau pour diluer la sauce si vous le souhaitez.

Incorporez le parmesan, une bonne pincée de sel et de poivre, et éventuellement le beurre. Retirez la casserole du feu.

Au moment de servir, faites griller le pain à votre convenance et frottez-le avec le côté coupé de la gousse d'ail. Servez les haricots chauds avec un filet d'huile d'olive. Parsemez de parmesan râpé, de flocons de piment et éventuellement de persil. Servez avec le pain à l'ail.

Note : *si vous ne trouvez pas de pois du Cap (haricots de Lima), vous pouvez utiliser des pois chiches ou des haricots blancs normaux.*

Tomates gratinées au fromage

Pour 6 à 8 personnes | Préparation : 15 min | Cuisson : 1 h | Total : 1 h 15

Ce gratin est l'une de ces vieilles recettes oubliées qui me reviennent dès que je me retrouve avec du pain rassis à la maison. C'est une recette de famille, transmise de génération en génération, qui fait penser à un pain perdu salé : on mélange du pain sec avec des tomates et du fromage, puis on fait gratiner le tout. Le pain absorbe le jus acidulé des tomates, se réhydrate dans le four et devient fondant, presque crémeux, de la manière la plus délicieuse qui soit. C'est non seulement une solution géniale pour offrir une seconde chance à du pain rassis, mais c'est aussi un plat réconfortant qui se prépare avec des ingrédients de base que l'on a tous dans nos placards. Je vous promets que vous le referez de nombreuses fois. Vous laisserez peut-être même rassir volontairement du pain pour pouvoir faire cette recette pour le dîner — c'est si bon !

huile neutre, pour la poêle

175 g de morceaux de pain rassis, coupés en gros cubes (voir notes)

2 boîtes de 840 g de tomates entières pelées en conserve

1 échalote de taille moyenne finement hachée

4 gousses d'ail finement râpées

½ cuil. à café de flocons de piment rouge (facultatif)

sel

175 g de mozzarella égouttée, grossièrement râpée

175 g de cheddar extra-vieux, grossièrement râpé

Préchauffez le four à 170 °C (th. 5-6). Huilez le fond d'un plat carré de 23 cm ou rectangulaire de 20 x 25 cm.

Mettez environ la moitié des cubes de pain dans le plat. Avec les mains, écrasez la moitié des tomates entières (1 boîte) en plus petits morceaux sur le pain. Parsemez uniformément de la moitié de l'échalote, de l'ail et éventuellement des flocons de piment. Versez le jus restant dans la boîte sur le pain et salez généreusement. Vous aurez l'impression qu'il y a beaucoup de liquide, mais le pain rassis va tout absorber dans le four. Répartissez uniformément la moitié de la mozzarella et du cheddar sur le plat.

Répétez l'opération avec le reste des ingrédients, à l'exception des fromages, dans l'ordre suivant : pain, tomates écrasées de la seconde boîte, échalotes, ail, jus de la boîte de tomates et une généreuse pincée de sel. Réservez le reste du fromage pour plus tard.

Enfournez pour 50 min de cuisson environ, jusqu'à ce que le pain soit légèrement croustillant sur le dessus.

Sortez le plat du four et parsemez-le du fromage restant. Enfournez de nouveau pour 8 à 10 min de cuisson, jusqu'à ce que le fromage du dessus soit complètement fondu.

Servez chaud.

Notes :

- *Si votre pain est trop rassis pour être coupé en cubes, mettez-le dans un sac congélation zippé et écrasez-le avec un rouleau à pâtisserie.*
- *Si vous n'avez pas de pain rassis, mais que vous voulez faire ce plat le plus vite possible, vous pouvez acheter du pain frais à la boulangerie, le couper à la main en gros morceaux et les faire sécher au four 8 à 12 min à 200 °C (th. 6-7), jusqu'à ce qu'il ait perdu presque toute son humidité.*

Haricots blancs au brocoli et au cheddar,
chapelure panko au cheddar

Pour 4 à 6 personnes | Préparation : 30 min | Cuisson : 30 min | Total : 1 h

Cette recette part d'une soupe classique brocoli-cheddar et la transforme en un ragoût plus consistant aux haricots blancs. Je voulais allier la sensation réconfortante d'une soupe de brocoli au cheddar à quelque chose de plus consistant, avec plus de texture. Les gros haricots blancs étaient un choix parfait : ce sont des haricots que j'utilise dans tous mes ragoûts et soupes. J'adore le fait qu'ils gardent leur forme, même après avoir mijoté dans de la sauce.

La cerise sur le gâteau, c'est ma chapelure secrète panko-cheddar. Ces petites bulles croquantes apportent la texture idéale à chaque bouchée et soulignent la saveur intense du cheddar.

Pour la chapelure panko-cheddar

70 g de cheddar vieux grossièrement râpé

30 g de chapelure panko

2 cuil. à soupe de beurre doux fondu

Pour les haricots au brocoli et au cheddar

45 g de beurre doux

2 échalotes de taille moyenne finement hachées

sel

4 gousses d'ail finement hachées

1 petite tête de brocoli, coupée en gros morceaux, avec la tige

2 cuil. à soupe de farine ou de fécule de maïs

55 cl de lait entier, plus un peu si nécessaire

140 g de cheddar vieux grossièrement râpé

3 boîtes de 400 g de gros haricots blancs ou pois du Cap (haricots de Lima) en conserve, égouttés et rincés (voir note)

Pour le service

flocons de sel

huile d'olive vierge extra (facultatif)

poivre noir du moulin (facultatif)

piment d'Alep (facultatif)

Préparez la chapelure panko au cheddar : préchauffez le four à 180 °C (th. 6). Tapissez une plaque de papier sulfurisé. Mettez le cheddar, la chapelure panko et le beurre fondu sur la plaque et mélangez un peu avec les mains. Secouez la plaque pour répartir uniformément la chapelure. Enfournez pour 8 à 10 min de cuisson, jusqu'à ce que la chapelure soit croustillante et bien dorée. Laissez refroidir quelques minutes.

Préparez les haricots : dans une grande casserole, faites fondre le beurre à feu moyen. Faites-y revenir les échalotes avec une pincée de sel 4 min, jusqu'à ce qu'elles soient tendres et translucides. Ajoutez l'ail et laissez cuire encore 1 min, jusqu'à ce qu'il dégage tous ses arômes. Ajoutez le brocoli et poursuivez la cuisson 5 ou 6 min, en mélangeant de temps à autre, jusqu'à ce que le brocoli soit vert vif, mais encore ferme. Baissez le feu et si les ingrédients brunissent trop vite au fond de la casserole, déglacez avec un trait d'eau.

Ajoutez la farine et mélangez pour enrober les légumes. Versez lentement le lait et portez à frémissement, sans cesser de remuer. Laissez cuire 2 min, en mélangeant régulièrement, jusqu'à ce que le brocoli soit juste tendre.

Retirez la casserole du feu. Ajoutez le cheddar. À l'aide d'un mixeur plongeant, mixez jusqu'à obtention d'une soupe lisse, avec éventuellement quelques morceaux. (Vous pouvez aussi transférer les brocolis dans un blender et ajouter le cheddar. Retirez le bouchon du blender pour laisser s'échapper la vapeur et mixez jusqu'à ce que la soupe soit lisse. Remettez la soupe dans la casserole. Si vous avez besoin d'un peu plus de liquide pour que la préparation se mixe bien, ajoutez un trait de lait.)

Placez la casserole à feu moyen et portez à frémissement. Ajoutez les haricots et une bonne pincée de sel, puis laissez cuire 5 à 8 min, en mélangeant de temps à autre, jusqu'à ce que les haricots soient chauds et bien tendres. Goûtez et rectifiez l'assaisonnement.

Répartissez le plat dans des assiettes creuses et émiettez la chapelure panko-cheddar dessus, puis parsemez de flocons de sel. Si vous le souhaitez, arrosez d'un filet d'huile d'olive, puis ajoutez du poivre noir et du piment d'Alep.

Note : *si vous ne trouvez pas de pois du Cap (haricots de Lima), vous pouvez utiliser des pois chiches ou des haricots blancs normaux.*

Pois chiches mijotés comme un paprikash
et ses dumplings

Pour 4 à 6 personnes | Préparation : 25 min | Cuisson : 55 min | Total : 1 h 20

J'ai mangé du *paprikash*, un ragoût hongrois préparé traditionnellement avec des pilons ou des cuisses de poulet mijotés dans une sauce crémeuse au poivron rouge, toute mon enfance. Dans cette variante végétarienne, j'utilise des pois chiches à la place du poulet. Les pois chiches sont parfaits parce qu'ils absorbent les saveurs avec lesquelles ils sont mélangés ; ici, plus ils mijotent dans le bouillon, plus ils deviennent relevés. Écrasez-en une partie pour épaissir le liquide et observez-les apporter une texture exquise à ce ragoût.

Les dumplings aux œufs sont très faciles et amusants à faire. Cela vaut vraiment le coup de prendre les 10 min nécessaires à leur préparation. Ils sont un peu caoutchouteux, mais tendres, et toutes les petites irrégularités et aspérités à leur surface se remplissent de sauce.

Pour terminer, nous mangions toujours le *paprikash* avec un bouquet d'oignons nouveaux, croquants, rafraîchissants et parfaits pour trancher avec la richesse du ragoût.

Pour les pois chiches croustillants

2 boîtes de 420 g de pois chiches en conserve, égouttés et rincés

2 cuil. à soupe d'huile d'olive vierge extra ou d'huile de tournesol

2 cuil. à café de paprika doux

sel

Pour le paprikash crémeux aux pois chiches

6 cl d'huile d'olive vierge extra ou d'huile de tournesol

1 oignon jaune de taille moyenne finement émincé

2 gros poivrons rouges finement émincés

sel

5 gousses d'ail finement hachées ou râpées

3 cuil. à soupe de paprika doux

1 cuil. à soupe bombée de concentré de tomates

½ cuil. à café de piment de Cayenne, plus un peu si nécessaire

2 boîtes de 420 g de pois chiches en conserve, égouttés et rincés

Préparez les pois chiches croustillants : préchauffez le four à 210 °C (th. 7). Tapissez une plaque de papier sulfurisé.

Étalez les pois chiches sur une plaque et essuyez-les avec un torchon pour éliminer l'excédent d'humidité. Arrosez-les d'huile d'olive, puis ajoutez le paprika et une pincée de sel. Mélangez pour bien les enrober.

Enfournez les pois chiches pour 20 min de cuisson environ, jusqu'à ce qu'ils soient croustillants et dorés.

Pendant ce temps, préparez le paprikash crémeux aux pois chiches : dans une grande cocotte ou casserole, faites chauffer l'huile d'olive à feu moyen. Faites-y revenir l'oignon 8 à 12 min, en mélangeant régulièrement, jusqu'à ce qu'il soit tendre et doré. Ajoutez les poivrons et une pincée de sel, puis laissez cuire 10 min environ, en mélangeant de temps à autre, jusqu'à ce que les poivrons commencent à s'attendrir. Ajoutez l'ail, le paprika, le concentré de tomates et le piment de Cayenne, puis faites cuire environ 2 min, sans cesser de remuer, jusqu'à ce que le concentré de tomates ait pris une coloration plus foncée et que les épices et l'ail dégagent tous leurs arômes.

Ajoutez les pois chiches et mélangez pour bien les enrober d'épices, puis déglacez avec un trait d'eau et grattez le fond de la cocotte pour décoller les résidus solides. Laissez cuire environ 3 min, jusqu'à ce que les pois chiches soient chauds et aient commencé à absorber les saveurs des condiments. Ajoutez la crème, une grosse pincée de sel et 40 cl d'eau, puis portez à frémissement. Baissez à feu doux-moyen et poursuivez la cuisson 25 à 30 min, en mélangeant de temps à autre, jusqu'à ce que les pois chiches soient tendres et bien parfumés.

(suite de la recette)

400 g de crème fraîche épaisse ou 1 boîte de 400 g de crème de coco

1 cuil. à soupe de fécule de maïs

Pour les dumplings aux œufs

sel

6 gros œufs

240 g de farine

oignons nouveaux coupés en rondelles, pour le service

Dans un bol, mélangez au fouet la fécule de maïs et 2 cuil. à soupe d'eau. Versez dans la soupe et poursuivez la cuisson 4 ou 5 min, sans cesser de remuer, jusqu'à ce qu'elle ait épaissi. Écrasez quelques pois chiches contre la paroi de la cocotte avec le dos de la cuillère. Retirez la cocotte du feu et couvrez pour maintenir au chaud.

Préparez les dumplings aux œufs : portez une grande casserole d'eau bien salée à ébullition à feu moyen-vif.

Dans un saladier, mélangez au fouet les œufs, la farine et une pincée de sel, jusqu'à ce que la préparation soit lisse. Elle doit avoir la consistance d'une pâte à crêpes épaisse. N'hésitez pas à ajouter un trait d'eau ou un peu de farine pour ajuster la consistance.

Avec une cuillère, faites tomber un peu de pâte (l'équivalent de 1 ou 2 cuil. à café — la pâte gonfle en cuisant) directement du saladier dans l'eau bouillante. Plongez la cuillère dans l'eau bouillante et répétez l'opération avec le reste de la pâte. Laissez bouillir les dumplings environ 3 min, jusqu'à ce qu'ils remontent à la surface. Retirez la cocotte du feu et laissez reposer 5 min. Égouttez les dumplings.

Répartissez-les dans des assiettes creuses et ajoutez les pois chiches crémeux. Parsemez de pois chiches croustillants et d'une belle quantité d'oignons nouveaux croquants.

Note : *je vous conseille vraiment de faire les dumplings aux œufs car ils accompagnent à merveille ce ragoût. Il est néanmoins également délicieux avec du riz ou des nouilles aux œufs.*

Veggie burgers aux champignons
et au kale, mayonnaise au raifort

Pour 6 personnes | Préparation : 20 min, plus 4 h de réfrigération | Cuisson : 1 h 40 | Total : 6 h

J'ai un vrai problème avec les burgers végétariens. Ils ont toujours l'air très appétissants, avec tous ces délicieux légumes frais… jusqu'à ce que je croque dedans et que je me rende compte qu'ils sont fades et gluants. Je comprends la nécessité de les mixer pour que tout s'agglomère, mais il doit bien y avoir une solution pour conserver des morceaux de légumes dans une sorte de galette, non ? On pourrait peut-être avoir comme des pépites de légumes ?

Voici donc la recette que j'ai mise au point pour tous les fans de texture. Bien qu'elle prenne plus de temps que si l'on jetait tout dans un blender, cette recette vous promet de la texture à chaque bouchée. Mettez ensuite votre galette dans du pain avec du fromage, puis faites griller le tout, ou dans un pain à hamburger avec vos sauces et toppings préférés, ou encore faites-la simplement griller pour la déguster au petit-déjeuner avec des œufs.

Pour les burgers végétariens

4 cuil. à soupe d'huile d'olive vierge extra, plus pour le plat

700 g de champignons déchirés

½ bouquet de kale, les tiges coupées en fines rondelles, les feuilles séparées et émincées

sel

1 oignon jaune émincé

1 boîte de 420 g de pois chiches en conserve, égouttés et rincés

2 cuil. à soupe de sauce soja

2 cuil. à soupe de vinaigre balsamique

2 cuil. à café de paprika doux

½ cuil. à soupe de moutarde de Dijon

1 cuil. à café de flocons de piment rouge

60 g de fécule de maïs

Pour la mayonnaise au raifort

80 g de mayonnaise

2 cuil. à café de raifort râpé frais ou en bocal

sel

Pour le service

6 pains à hamburgers, coupés en deux

garnitures au choix

Préparez les burgers végétariens : préchauffez le four à 190 °C (th. 6-7). Huilez légèrement un plat carré de 23 cm, puis tapissez-le de papier sulfurisé, en laissant les côtés déborder sur 2 cm environ (pour sortir plus facilement la préparation par la suite). Huilez légèrement le papier sulfurisé. Posez le plat sur une plaque.

Dans une grande poêle, faites chauffer 2 cuil. à soupe d'huile à feu moyen-vif. Faites-y revenir les champignons et les tiges de kale avec une grosse pincée de sel environ 10 min, en mélangeant régulièrement, jusqu'à ce que les champignons soient bien dorés et aient réduit. Transférez dans un grand saladier.

Remettez la poêle à feu moyen-vif et faites-y chauffer 1 cuil. à soupe d'huile. Faites-y revenir l'oignon 2 ou 3 min, jusqu'à ce qu'il ait légèrement doré, sans être translucide. Transférez l'oignon dans le saladier des champignons.

Remettez la poêle à feu moyen-vif et faites-y chauffer la dernière cuillerée à soupe d'huile. Ajoutez les pois chiches et les feuilles de kale, puis faites-les cuire 4 à 6 min, sans cesser de remuer, jusqu'à ce que le kale commence à tomber.

Écrasez environ un tiers des pois chiches sur les parois de la poêle avec le dos d'une cuillère en bois. Ajoutez la sauce soja, le vinaigre, le paprika, la moutarde et les flocons de piment. Laissez cuire 2 ou 3 min, jusqu'à ce qu'ils dégagent tous leurs arômes. Retirez la poêle du feu.

Transférez les pois chiches et les feuilles de kale dans le saladier des oignons et des champignons. Ajoutez la fécule de maïs et une pincée de sel, puis mélangez avec les mains ou une spatule en silicone. La préparation doit être dense, mais assez souple, comme une pâte à gâteau épaisse. Ajoutez quelques cuillerées à soupe d'eau pour l'aider à s'agglomérer si nécessaire.

Transférez la préparation dans le plat préparé au début. Pressez fermement avec les mains pour la répartir dans le plat. Posez une feuille de papier sulfurisé sur le dessus et pressez bien pour la faire adhérer. Lestez avec un deuxième plat ou quoi que ce soit qui convienne. (J'aime bien prendre un plat de 20 cm rempli d'eau à mi-hauteur.)

(suite de la recette)

Enfournez pour 50 à 55 min de cuisson, jusqu'à ce que la préparation soit ferme et parfumée.

Enlevez délicatement le lest et le papier sulfurisé. Augmentez la température du four à 200 °C (th. 6-7) et enfournez de nouveau le plat. Laissez griller environ 15 min, jusqu'à ce qu'une croûte foncée et épaisse se soit formée sur le dessus. Laissez refroidir complètement.

Posez un morceau de papier sulfurisé sur la préparation et reposez un lest dessus. Laissez reposer au moins 4 h au réfrigérateur, et si possible une nuit entière.

Enlevez le lest et le papier sulfurisé. Soulevez la préparation en utilisant le papier sulfurisé et sortez-la du plat, puis découpez-la en galettes à peu près carrées de 15 cm.

Faites chauffer un filet d'huile dans une poêle de taille moyenne à feu moyen. Faites cuire les galettes en plusieurs tournées, 1 ou 2 min par face, jusqu'à ce qu'elles aient développé une belle croûte dorée. Réservez sur un plat et retirez la poêle du feu.

Préparez la mayonnaise au raifort : dans un bol, mélangez la mayonnaise, le raifort et une pincée de sel.

Au moment de servir, tartinez les pains de mayonnaise au raifort et posez une galette dessus. Ajoutez vos garnitures préférées et servez.

à vos soupes

Soupe de butternut à la noix de coco
et au cumin

Pour 4 personnes | Préparation : 15 min | Cuisson : 1 h | Total : 1 h 15

Ceci n'est pas une énième soupe de courge butternut ! Quand j'étais petite, ma mère préparait une soupe de courgette glacée tout l'été, une soupe rafraîchissante, crémeuse et pleine de courgettes râpées, parfumée avec des épices telles que du cumin, du paprika doux et du piment de Cayenne. Ma soupe de butternut est la cousine automnale et plus chaleureuse de la soupe d'été de mes souvenirs. J'écrase une partie de la courge qui a mijoté dans le lait de coco tout en gardant quelques gros morceaux pour la texture. J'ai remplacé la crème fraîche de la soupe de ma mère par du lait de coco pour souligner la douceur de la butternut.

3 cuil. à soupe d'huile d'olive vierge extra

2 échalotes de taille moyenne finement hachées

3 gousses d'ail émincées

2½ cuil. à café de graines de cumin

1½ cuil. à café de paprika doux

¼ de cuil. à café de piment de Cayenne

2 branches de céleri finement émincées

sel

6 cl de vin blanc ou d'eau

1 petite courge butternut (environ 450 g) épluchée, égrainée et coupée en dés de 1 cm

1 petit bouquet de persil

1 boîte de 400 g de lait de coco

2 ou 3 cuil. à soupe de persil ciselé

1½ cuil. à soupe de jus de citron

Pour le service

piment de Cayenne

persil frais ciselé

huile d'olive vierge extra, pour arroser le plat

pain croustillant chaud

Dans une grande cocotte, faites chauffer l'huile d'olive 2 min à feu moyen. Faites-y revenir les échalotes environ 4 min, en mélangeant de temps à autre, jusqu'à ce qu'elles soient tendres et translucides. Baissez à feu doux-moyen et poursuivez la cuisson 5 ou 6 min, en mélangeant de temps à autre, jusqu'à ce que les échalotes aient caramélisé. Déglacez avec un trait d'eau si nécessaire.

Ajoutez l'ail, les graines de cumin, le paprika et le piment de Cayenne, puis faites revenir environ 2 min, jusqu'à ce qu'ils dégagent tous leurs arômes. Augmentez à feu moyen, puis ajoutez le céleri et une pincée de sel et faites cuire environ 5 min, jusqu'à ce qu'il soit tendre. Ajoutez le vin blanc et mélangez en grattant le fond de la cocotte pour décoller les résidus solides. Ajoutez la courge et laissez cuire de 6 à 8 min, sans cesser de mélanger, jusqu'à ce qu'elle commence à devenir tendre.

Ajoutez le bouquet de persil, une grosse pincée de sel et 60 cl d'eau, puis portez à ébullition. Baissez à feu doux-moyen et laissez mijoter 20 à 25 min, jusqu'à ce que la courge soit bien tendre.

Ôtez et jetez le bouquet de persil. Écrasez environ la moitié de la courge dans la cocotte à l'aide d'un presse-purée. On ne cherche pas à obtenir une consistance très lisse. Laissez le reste des morceaux de courge intacts. Incorporez le lait de coco et laissez mijoter 5 à 7 min, jusqu'à ce que toutes les saveurs se mêlent. Rajoutez un peu d'eau pour diluer la soupe si nécessaire, puis goûtez et salez de nouveau si nécessaire. Retirez la cocotte du feu. Incorporez le persil ciselé et le jus de citron.

Au moment de servir, répartissez la soupe dans des assiettes creuses, puis parsemez de piment de Cayenne, de persil et arrosez d'un filet d'huile d'olive. Servez avec du pain bien croustillant.

Soupe de poulet aux champignons
et au miso

Pour 4 personnes | Préparation : 15 min | Cuisson : 40 min | Total : 55 min

On s'enthousiasme toujours à l'idée d'acheter un poulet rôti : on rentre à la maison, on grignote la peau croustillante et on mange la moitié d'un blanc. Le lendemain, on en met dans une salade ou un sandwich, mais le troisième jour, l'excitation retombe. Le stress de trouver une idée pour ne pas tout gaspiller alors qu'on en a déjà ras le bol commence à pointer. Quelles options avons-nous ? Encore une salade de poulet ? Bof ! Cette soupe redonne vie à votre vieux poulet rôti en le transportant dans un environnement champignonné, salé et crémeux au miso.

6 cl d'huile neutre (tournesol ou pépin de raisin), plus un peu si nécessaire

225 g de champignons mélangés coupés en morceaux

sel et poivre noir du moulin

1 échalote de taille moyenne finement hachée

3 gousses d'ail pressées ou finement râpées

½ cuil. à café de curcuma moulu

½ cuil. à café de graines de cumin

¼ de cuil. à café de piment de Cayenne

2 cuil. à soupe de sauce soja

1 cuil. à soupe de vinaigre de riz ou de cidre

environ 400 g de poulet cuit coupé en morceaux

100 g de ditalini ou autres petites pâtes

2 bonnes poignées de kale ou de chou frisé lacinato

120 g de pois gourmands finement émincés

2 cuil. à soupe de miso blanc, plus un peu si nécessaire

Dans une grande cocotte, faites chauffer l'huile à feu moyen. Faites-y revenir les champignons avec une petite pincée de sel et du poivre noir 10 à 12 min, en remuant régulièrement, jusqu'à ce qu'ils aient bien coloré et perdu tout leur liquide. Baissez à feu doux-moyen. Ajoutez l'échalote et laissez cuire 3 ou 4 min, jusqu'à ce qu'elle soit tendre et translucide, en rajoutant 1 cuil. à soupe d'huile si la préparation semble trop sèche.

Ajoutez l'ail, le curcuma, le cumin et le piment de Cayenne, puis faites revenir 1 ou 2 min, sans cesser de remuer, jusqu'à ce qu'ils dégagent tous leurs arômes. Ajoutez la sauce soja et le vinaigre en grattant les résidus solides caramélisés au fond de la cocotte. Ajoutez le poulet et poursuivez la cuisson 3 ou 4 min, sans cesser de remuer pour qu'il absorbe bien toutes les saveurs. Ajoutez 1 l d'eau, augmentez à feu vif et portez à ébullition. Baissez à feu doux-moyen et laissez mijoter 15 min, en mélangeant de temps à autre.

Pendant ce temps, portez une petite casserole d'eau bien salée à ébullition à feu moyen-vif. Faites-y cuire les pâtes 3 min de moins que les indications du paquet. Égouttez-les et réservez-les.

Ajoutez le kale et les pois gourmands à la soupe et laissez-les cuire environ 2 min, jusqu'à ce qu'ils soient tendres et vert vif. Retirez la cocotte du feu et incorporez les pâtes cuites.

Dans un bol, délayez le miso dans une petite louche de soupe chaude. Mélangez jusqu'à ce que le mélange soit crémeux et fluide. Versez le miso dans la soupe et mélangez. Goûtez et rectifiez l'assaisonnement en rajoutant du miso si nécessaire (j'en mets en général 3 ou 4 cuil. à soupe).

Répartissez la soupe dans des assiettes creuses, parsemez généreusement de poivre noir et servez.

Soupe de pommes de terre fromagée
et croûtons au romarin

Pour 4 à 6 personnes | Préparation : 25 min | Cuisson : 25 min | Total : 50 min

Certains plats sont faits pour nourrir votre corps : ils sont équilibrés, riches en protéines, en bon gras, en glucides de qualité, blablabla. Certains plats sont juste faits pour nourrir votre âme et préserver votre santé mentale. Cette soupe doudou riche en glucides appartient à la deuxième catégorie. Je me suis appuyée sur la combinaison classique pommes de terre-romarin en l'accompagnant de croûtons parfumés au romarin (qui sont peut-être le meilleur truc de cette recette). Les croûtons avec toutes leurs petites irrégularités apportent le contraste de texture parfait à cette soupe crémeuse.

Pour la soupe

45 g de beurre doux

3 petites échalotes émincées

6 gousses d'ail écrasées

1 cuil. à soupe de romarin ciselé

½ cuil. à café de poivre noir du moulin

½ cuil. à café de piment de Cayenne

1 kg de pommes de terre Yukon Gold (ou autre variété à chair jaune) épluchées et coupées en dés de 2,5 cm

50 cl de lait entier, plus un peu si nécessaire

40 cl de bouillon de légumes ou d'eau

sel

Pour les croûtons au romarin

300 g de pain croustillant (pain de campagne ou ciabatta) déchiré en morceaux

6 cl d'huile d'olive vierge extra

2 cuil. à soupe de romarin ciselé

2 gousses d'ail pressées

sel

Pour la touche finale

110 g de gruyère ou de cheddar vieux râpés

huile d'olive vierge extra

Préparez la soupe : dans une cocotte de taille moyenne, faites fondre le beurre à feu moyen. Faites-y revenir les échalotes 3 ou 4 min, en mélangeant de temps à autre, jusqu'à ce qu'elles soient tendres et translucides. Ajoutez l'ail, le romarin, le poivre noir et le piment de Cayenne. Faites-les grésiller 1 ou 2 min dans le beurre, jusqu'à ce qu'ils dégagent tous leurs arômes. Ajoutez les pommes de terre, le lait, le bouillon et une grosse pincée de sel. Augmentez à feu vif et portez à ébullition. Baissez à feu doux-moyen et laissez mijoter environ 25 min, en mélangeant de temps à autre, jusqu'à ce que les pommes de terre soient tendres.

Pendant ce temps, préparez les croûtons au romarin : préchauffez le four à 210 °C (th. 7). Tapissez une plaque de papier sulfurisé.

Mettez le pain dans un saladier et mélangez-le avec de l'huile d'olive, le romarin, l'ail et une grosse pincée de sel. Étalez les morceaux de pain sur la plaque en une couche uniforme. Enfournez pour 12 à 15 min, jusqu'à ce que les croûtons soient bien dorés et croustillants sur le pourtour.

Pour terminer la soupe : à l'aide d'une écumoire, prélevez l'équivalent d'un bol de pommes de terre. Transférez le reste de la soupe dans un blender et mixez jusqu'à ce que la soupe soit lisse. (Enlevez bien le bouchon du blender pour que la vapeur puisse s'échapper. Vous pouvez aussi utiliser un mixeur plongeant.) Si la soupe vous paraît trop épaisse, rajoutez un peu d'eau ou de lait, jusqu'à obtention de la consistance souhaitée. Ne mixez pas trop sinon la soupe peut devenir gluante. Remettez la soupe mixée dans la cocotte.

Ajoutez les pommes de terre réservées et le gruyère râpé. Mélangez bien pour que le fromage fonde. Goûtez et rectifiez l'assaisonnement ou la consistance si nécessaire.

Répartissez la soupe dans des assiettes creuses, arrosez d'un filet d'huile d'olive et ajoutez les croûtons.

Note : *pour que les croûtons restent croustillants longtemps, stockez les restes dans une boîte hermétique avec un sachet de gel de silice, à température ambiante. Je garde toujours ces petits sachets quand j'ouvre un paquet d'algues déshydratées ou de chips qui en contient.*

Soupe de lentilles corail à la tomate

Pour 4 à 6 personnes | Préparation : 20 min | Cuisson : 1 h 35 | Total : 1 h 55

Je suis une grande mangeuse de lentilles. Elles permettent de faire plein de recettes différentes, elles sont nourrissantes et constituent une excellente source de protéines végétales. En plus, elles absorbent toutes les saveurs que vous voulez. Si vous feuilletez ce livre à la recherche d'un plat velouté, entre la soupe, le ragoût et le porridge, vous trouverez beaucoup de réconfort dans cette recette. Les lentilles cuisent lentement dans un bouillon à base de tomate bourré de légumes savoureux et d'épices, notamment du paprika et du cumin, puis arrosé d'huile d'olive.

Pour la soupe de lentilles

180 g de lentilles corail

1 l d'eau bouillante

6 cl d'huile d'olive vierge extra

1 oignon jaune de taille moyenne émincé

4 branches de céleri finement émincées

2 carottes de taille moyenne coupées en petits morceaux

sel

8 gousses d'ail émincées

2 cuil. à café d'origan séché

2 cuil. à café de paprika doux

1 cuil. à café de cumin moulu

½ cuil. à café de piment de Cayenne, plus un peu si nécessaire

1 boîte de 840 g de tomates entières pelées en conserve

poivre noir du moulin

½ bouquet de persil finement ciselé

Pour le service

pain grillé ou frit frotté à l'ail

huile d'olive vierge extra

persil frais ciselé

parmesan râpé (facultatif)

Dans un saladier résistant à la chaleur, couvrez les lentilles d'eau bouillante et réservez.

Dans une grande cocotte, faites chauffer l'huile à feu moyen-vif. Ajoutez l'oignon, le céleri, les carottes et une pincée de sel. Faites cuire 10 à 12 min, en mélangeant de temps à autre, jusqu'à ce que les légumes soient tendres et caramélisés. Ajoutez l'ail, l'origan, le paprika, le cumin et le piment de Cayenne, puis faites revenir 2 ou 3 min, en remuant fréquemment, jusqu'à ce qu'ils dégagent tous leurs arômes.

Égouttez et rincez les lentilles à l'eau courante. Mettez les lentilles dans la cocotte avec les tomates, une grosse pincée de sel, puis donnez quelques tours de moulin à poivre et mélangez. Écrasez les tomates sur les parois de la cocotte avec le dos d'une cuillère en bois. En utilisant l'une des deux boîtes de conserve, ajoutez l'équivalent de deux boîtes d'eau (soit environ 1,75 l en tout). Portez à ébullition et baissez à feu doux-moyen. Laissez mijoter 1 h à 1 h 30, en mélangeant de temps à autre, jusqu'à ce que les lentilles soient tendres, qu'elles se soient écrasées et que la soupe ait visiblement épaissi. Vous pouvez rajouter de l'eau pour obtenir la consistance souhaitée. Rajoutez du sel, du poivre ou du piment de Cayenne si nécessaire. Retirez la cocotte du feu et incorporez le persil.

Répartissez la soupe dans des assiettes creuses et servez avec du pain grillé ou frit frotté à l'ail, un filet d'huile d'olive, un peu de persil et éventuellement du parmesan râpé.

Note : *les restes sont tout aussi délicieux le lendemain. J'aime bien en manger un bol avec des œufs pochés dont le jaune coule dans la soupe chaude, pour le petit-déjeuner.*

Soupe gourmande de haricots blancs
au fenouil croustillant

Pour 4 à 6 personnes | Préparation : 25 min | Cuisson : 1 h 20 | Total : 1 h 45

Vous en avez sans doute assez de mes réflexions sur les haricots de Lima qui seraient les meilleurs haricots du monde. Je vous épargnerai donc ce monologue pour toutes mes autres recettes à base de gros haricots blancs. Peut-on vraiment se tromper avec une soupe de haricots blancs ? Je pourrais en manger pour toutes les occasions. Commencez avec une montagne d'oignons finement émincés que vous ferez cuire jusqu'à ce qu'ils soient fondants et confits. Le bouillon parfumé au fenouil va ensuite être parsemé de fenouil finement émincé grillé avec une chapelure panko pour un petit boost de texture.

Pour la soupe de haricots blancs

1½ cuil. à café de graines de fenouil

1 cuil. à café de grains de poivre noir

1 cuil. à café de graines de coriandre

6 cl d'huile d'olive vierge extra

2 oignons jaunes de taille moyenne finement émincés

sel

5 branches de céleri finement émincées

6 gousses d'ail coupées en fines rondelles

6 cl de vin blanc ou d'eau

4 boîtes de 400 g de gros haricots blancs ou pois du Cap (haricots de Lima) en conserve, égouttés et rincés (voir note)

Pour le fenouil croustillant

1 bulbe de fenouil de taille moyenne coupé en fines lamelles

3 cuil. à soupe d'huile d'olive vierge extra

20 g de chapelure panko ou autre chapelure

sel

Pour le service

vinaigre de riz ou de cidre (facultatif)

huile d'olive vierge extra, pour arroser le plat

Préparez la soupe de haricots blancs : dans un mortier, écrasez grossièrement les graines de fenouil, les grains de poivre et les graines de coriandre avec un pilon. (Vous pouvez aussi les mettre dans un sac en plastique zippé ou dans un torchon, et les écraser avec un rouleau à pâtisserie.)

Dans une grande cocotte, faites chauffer l'huile à feu moyen-vif. Faites-y revenir les oignons avec une grosse pincée de sel 5 à 8 min, en mélangeant de temps à autre, jusqu'à ce qu'ils soient tendres et translucides. Ajoutez le céleri et poursuivez la cuisson 8 à 10 min, en mélangeant de temps à autre, jusqu'à ce que le céleri se décolore un peu et commence à s'attendrir. Ajoutez l'ail et le mélange coriandre/poivre/fenouil, puis faites revenir environ 2 min, sans cesser de remuer, jusqu'à ce qu'ils dégagent tous leurs arômes. Ajoutez le vin et mélangez en grattant le fond de la cocotte avec une cuillère en bois pour décoller les résidus solides.

Ajoutez les haricots égouttés, une grosse pincée de sel et 1,2 l d'eau, puis portez à frémissement. Baissez à feu doux-moyen et laissez mijoter, en mélangeant de temps à autre. Pendant la cuisson de la soupe, écrasez une partie des haricots sur les parois de la cocotte à l'aide d'une cuillère en bois. Laissez mijoter 40 à 45 min, jusqu'à ce que la soupe ait épaissi et que les saveurs se soient mêlées. Si la soupe épaissit trop rapidement, ajoutez un trait d'eau, jusqu'à obtention de la consistance souhaitée. Goûtez et rajoutez du sel si nécessaire. Retirez la cocotte du feu.

Pendant ce temps, préparez le fenouil croustillant : préchauffez le four à 210 °C (th. 7). Tapissez une plaque de papier sulfurisé.

Posez les lamelles de fenouil sur la plaque et arrosez-les d'huile. Répartissez la chapelure panko sur le fenouil et mélangez avec les mains pour bien enrober le fenouil.

Enfournez pour 18 à 20 min, jusqu'à ce que le fenouil soit tendre et grillé sur le pourtour, et que la chapelure soit dorée et croustillante.

Pour servir, répartissez la soupe dans des assiettes creuses. Si vous le souhaitez, ajoutez un trait de vinaigre dans chaque assiette. Parsemez de fenouil croustillant et arrosez d'un filet d'huile d'olive.

Note : *si vous ne trouvez pas de pois du Cap (haricots de Lima), vous pouvez utiliser des pois chiches ou des haricots blancs normaux.*

Soupe de tomates cerise grillées

Pour 4 à 6 personnes | Préparation : 15 min | Cuisson : 40 min | Total : 55 min

Existe-t-il quoi que ce soit de plus réconfortant qu'une soupe de tomates crémeuse servie avec du pain grillé bien croustillant ? Ma recette de soupe de tomates cerise grillées a été tellement plébiscitée au fil des années qu'il fallait impérativement qu'elle figure dans ce livre. Au départ, je voulais changer un peu la recette, utiliser une autre variété de tomate, concocter tout plein de toppings, tous ces trucs sympas. J'ai testé les tomates en conserve pour un rendu plus velouté, mais les minuscules bouts de peau brûlée m'ont manqué. Quelques jours plus tard, je me suis rendu compte que cette soupe n'avait pas besoin d'être améliorée. Cette soupe de tomate avait été adorée, dès le premier jour, parce qu'elle était simple, j'ai voulu préserver cette qualité.

- 1,3 kg de tomates cerise
- 4 échalotes de taille moyenne épluchées et coupées en quatre
- 2 têtes d'ail de taille moyenne, le dessus coupé pour exposer les gousses, avec la racine
- 4 brins de romarin (facultatif)
- 2 piments Fresno rouges émincés (facultatif)
- 12 cl d'huile d'olive vierge extra
- sel et poivre noir du moulin
- 240 g de crème fraîche épaisse ou de crème de coco
- 25 cl de bouillon de légumes ou d'eau
- 1 poignée de feuilles de basilic frais déchirées (facultatif)
- pain croustillant grillé, pour le service

Préchauffez le four à 210 °C (th. 7).

Sur une grande plaque, mélangez les tomates, les échalotes, l'ail et éventuellement le romarin et les piments. Ajoutez l'huile d'olive, salez généreusement, parsemez uniformément de poivre et mélangez. Étalez le tout en une seule couche en veillant à ce que les échalotes et l'ail soient placés côté coupé sur le dessous.

Enfournez pour 30 à 40 min de cuisson, jusqu'à ce que les tomates commencent à éclater et à être un peu brûlées, et que les échalotes soient tendres et translucides. Pressez l'ail grillé sur les tomates, puis enlevez éventuellement le romarin et jetez-le.

Transférez le tout dans un blender ou un robot de cuisine. Ajoutez la crème, le bouillon et éventuellement le basilic. Si vous utilisez un blender, enlevez le bouchon pour laisser la vapeur s'échapper et couvrez avec un torchon. Mixez jusqu'à ce que la soupe soit veloutée. Goûtez et rectifiez l'assaisonnement si nécessaire.

Servez immédiatement avec du pain grillé.

Note : *si vous avez des restes, mangez-les au petit-déjeuner. Faites réchauffer un petit bol de soupe à la poêle, cassez deux œufs dessus et couvrez pour cuire les œufs à la vapeur. Dès que les blancs sont opaques, retirez la poêle du feu. Percez les jaunes coulants avec un morceau de pain grillé et mélangez en tournant avec la soupe. Cela dit, cette soupe se conserve aussi très bien au congélateur.*

Soupe de nouilles au poulet classique

Pour 6 personnes | Préparation : 10 min | Cuisson : 1 h 15 | Total : 1 h 25

Quand je dis que j'ai mangé ça toute mon enfance, je veux vraiment dire que j'en mangeais matin, midi et soir. En fait, c'est en achetant des nouilles fraîches que j'ai appris le principe des pourboires et que j'ai commencé à soutenir les petits artisans locaux. Parmi mes premiers souvenirs, je me rappelle que ma mère m'emmenait avec elle au marché et m'expliquait que les vieilles dames à qui nous achetions nos nouilles les faisaient à la main. Elle insistait sur le fait que c'était tout un art et que nous devions leur donner un pourboire important pour les encourager et soutenir leur travail. Elle me donnait toujours les sous et me disait d'aller le donner aux dames et de les remercier, c'était vraiment une leçon de vie précieuse.

Pour le bouillon de poulet

2 cuil. à soupe d'huile neutre (tournesol ou pépin de raisin)

2 oignons jaunes de taille moyenne, non épluchés, coupés en deux dans la hauteur

1 tête d'ail de taille moyenne coupée en deux à l'horizontale

700 à 900 g de cuisses de poulet avec la peau

déchets de poulet, par ex. des os, le cou, les pattes, etc. (facultatif)

5 branches de céleri coupées en morceaux

3 carottes de taille moyenne coupées en morceaux

1 petit bouquet de persil plat (50 à 75 g)

1 cuil. à soupe de grains de poivre noir

2 cuil. à café de bouillon de poulet en poudre ou 1 cube de bouillon de poulet

sel

Pour le service

ail frais râpé

225 g de nouilles au choix, cuites

persil frais ciselé

poivre noir du moulin

flocons de piment rouge (facultatif)

Préparez le bouillon de poulet : dans une grande marmite, faites chauffer l'huile 2 min à feu moyen. Placez les oignons et l'ail au fond de la marmite, côté coupé sur le dessous, et faites-les revenir environ 2 min, sans y toucher, jusqu'à ce qu'ils colorent un peu. Ajoutez les cuisses du poulet, éventuellement avec les os et les autres déchets, et 3 l d'eau. Augmentez à feu moyen-vif et portez à ébullition.

Quand le bouillon commence à bouillir, vous allez voir de la mousse remonter en surface. Remplissez un petit saladier d'eau et, à l'aide d'une écumoire ou d'une passoire fine, écumez le bouillon et trempez l'écumoire dans le saladier d'eau. Répétez l'opération jusqu'à ce qu'il n'y ait plus de mousse, en changeant l'eau du saladier au fur et à mesure pour que l'écumoire reste propre.

Ajoutez le céleri, les carottes, le persil, les grains de poivre et le bouillon. Baissez à feu doux et laissez mijoter 1 h, en couvrant à moitié la marmite.

Avec une pince ou une écumoire, retirez tous les morceaux de poulet, les légumes et le persil de la marmite et mettez-les dans un saladier. Ma famille se rassemblait toujours autour du saladier de poulet pour grignoter les légumes et le poulet chaud juste cuit, saupoudrés de sel. Vous pouvez faire ça ou jetez les légumes et réservez le poulet pour le servir dans la soupe.

Ajoutez 1 cuil. à soupe de sel dans la soupe, mélangez bien, puis goûtez et rajoutez du sel si nécessaire. Rappelez-vous que vous assaisonnez *beaucoup* de liquide, il vous faudra donc beaucoup de sel (pour moi, entre 2 et 2½ cuil. à soupe de sel kasher Diamond Crystal). Il devrait vous rester entre 2 et 2,5 l de liquide.

Pour servir, j'aime bien râper un peu d'ail dans un bol, la chaleur de la soupe va cuire l'ail et produire l'arôme le plus alléchant qui soit ! Ajoutez les nouilles cuites dans le bol et versez le bouillon chaud. Parsemez de persil, de poivre noir et éventuellement de flocons de piment rouge.

Soupe de légumes acidulée

Pour 4 à 6 personnes | Préparation : 15 min | Cuisson : 45 min | Total : 1 h

Quand j'étais petite, l'une de nos traditions familiales consistait à préparer de la choucroute maison pendant l'hiver. Imaginez un processus long d'une semaine, impliquant l'achat de dizaines de choux, leur découpe, leur malaxage avec des tonnes de sel et leur fermentation. Pendant les premiers jours, les deux tonneaux de cinquante litres étaient entreposés dans notre cuisine — je me rappelle encore leur odeur âcre. Une fois que le chou avait fermenté, nous transférions les tonneaux sur notre minuscule balcon où ils allaient passer l'hiver. À partir de ce moment, nous en prélevions poignée après poignée pour les repas, pour faire des soupes, pour la faire revenir avec du bœuf ou du poulet, pour faire des roulés au chou ou bien nous buvions simplement la saumure fermentée.

Voici l'une des recettes que ma mère concoctait tout l'hiver avec notre choucroute maison : des légumes râpés et de la choucroute mis à mijoter dans un bouillon acidulé. On en mangeait au petit-déjeuner avec du pain et du poivre noir. C'est consistant, réconfortant et oh combien savoureux. Ne vous inquiétez pas, je ne vous demanderai pas de préparer une centaine de litres de choucroute, j'ai adapté la recette pour n'utiliser qu'un seul bocal du commerce.

Pour la soupe de légumes acidulée

- 3 cuil. à soupe d'huile neutre (tournesol ou pépin de raisin)
- 2 échalotes de taille moyenne finement hachées
- 3 carottes de taille moyenne grossièrement râpées
- 2 courgettes de taille moyenne grossièrement râpées
- sel
- 2 cuil. à soupe de concentré de tomates
- 1 cuil. à café de paprika doux
- 1 cuil. à café de flocons de piment rouge
- 1 bocal de 460 g de choucroute égouttée
- 1 tête d'ail, le dessus coupé pour exposer les gousses, avec la racine

Pour le service

- aneth ou persil finement ciselés
- poivre noir du moulin
- pain croustillant

Préparez la soupe de légumes acidulée : dans une grande cocotte, faites chauffer l'huile à feu moyen. Faites-y revenir les échalotes 3 ou 4 min, jusqu'à ce qu'elles soient translucides et tendres. Ajoutez les carottes, les courgettes et une pincée de sel. Faites cuire 8 à 10 min, en mélangeant de temps à autre, jusqu'à ce que les légumes soient tendres. Ajoutez le concentré de tomates, le paprika et les flocons de piment, puis faites cuire environ 3 min, sans cesser de remuer, jusqu'à ce que le concentré de tomates ait pris une coloration plus foncée.

Ajoutez toute la choucroute du bocal avec le jus, plus 1,5 l d'eau et une grosse pincée de sel. Mélangez. Portez à ébullition, puis baissez à feu doux-moyen et posez les têtes d'ail, côté coupé sur le dessus, dans la soupe. Laissez mijoter 25 à 30 min, en mélangeant de temps à autre, jusqu'à ce que la soupe ait légèrement épaissi et que tous les légumes soient tendres. Goûtez et rectifiez l'assaisonnement si nécessaire. Retirez la cocotte du feu, puis ôtez et jetez l'ail.

Pour servir, répartissez la soupe dans des assiettes creuses et parsemez d'herbes fraîches et d'une bonne quantité de poivre noir. J'aime bien presser une ou deux gousses d'ail confites dans chaque assiette au moment de servir, mais ce n'est pas obligatoire. Servez chaud avec du pain croustillant.

salad
bar

Salade de pommes de terre
au miso crémeux

Pour 4 à 6 personnes | Préparation : 25 min, plus 2 h de réfrigération | Cuisson : 20 min | Total : 2 h 45

Cette salade de pommes de terre au miso a été la première que j'ai validée pour ce livre. J'ai commencé par une interprétation de la légendaire salade de pommes de terre hivernale de ma mère. Elle la préparait avec des tonnes d'oignons, de gros morceaux de pommes de terre cuites à l'eau, des olives noires et du saumon fumé. Je me rappelle que le saumon fumé coûtait si cher et était si exceptionnel pour nous, qu'elle ne la faisait qu'une fois par an.

À la place des pommes de terre rouges, j'utilise des pommes de terre Yukon Gold nouvelles, toujours pelées pour qu'elles soient bien tendres. J'ai remplacé les olives noires par des olives vertes Castelvetrano et le saumon fumé par des anchois à l'huile bien salés. Le tout est lié par une mayonnaise relevée au miso parsemée de chips écrasées pour la petite touche finale bien croquante.

sel

700 g de pommes de terre Yukon Gold nouvelles (ou autre variété à chair jaune)

120 g de mayonnaise

4 à 6 filets d'anchois à l'huile finement hachés (voir notes)

3 gousses d'ail pressées ou finement râpées

1 petite échalote finement hachée

1 cuil. à soupe de miso blanc, plus un peu si nécessaire

2 cuil. à soupe de câpres en saumure rincées et hachées

2 cuil. à soupe de vinaigre de riz ou de cidre

100 g d'olives Castelvetrano non dénoyautées (voir notes)

1 poignée de chips cuites au chaudron, écrasées

3 cuil. à soupe de ciboulette finement ciselée

Portez une grande casserole d'eau à ébullition à feu moyen-vif. Ajoutez une grosse pincée de sel et les pommes de terre. Laissez bouillir 20 à 25 min, en mélangeant de temps à autre, jusqu'à ce que les pommes de terre soient tendres. Égouttez-les et laissez-les refroidir.

Dans un saladier, mélangez au fouet la mayonnaise, les anchois, l'ail, l'échalote, le miso, les câpres et le vinaigre. Goûtez et rajoutez du miso, 1 cuil. à café à la fois, jusqu'à ce que la sauce soit parfaitement crémeuse, salée et umami.

Avec un couteau à parer ou simplement les mains, épluchez les pommes de terre, leur peau doit glisser assez facilement (voir notes). Mettez les pommes de terre dans le saladier avec la sauce.

Écrasez les olives avec le plat d'un couteau, comme pour des gousses d'ail. Dénoyautez-les, déchirez-les en deux, puis mettez-les dans le saladier avec les pommes de terre et la sauce.

Mélangez les pommes de terre et les olives pour bien les enrober de sauce. Ce faisant, écrasez quelques pommes de terre avec le dos d'une cuillère contre la paroi du saladier pour bien lier la salade. Goûtez et rectifiez l'assaisonnement : la sauce devrait être suffisamment salée, mais ajoutez une pincée de sel si nécessaire et mélangez. Couvrez et laissez reposer au moins 2 heures, et jusqu'à une nuit, au réfrigérateur.

Au moment de servir, parsemez la salade de chips écrasées et de ciboulette.

Notes :

- *Comme toujours, si vous n'êtes pas fan d'anchois, supprimez-les ou remplacez-les par 1 ou 2 cuil. à soupe de sauce soja pour retrouver cette saveur salée et umami.*
- *Les olives non dénoyautées ont une texture plus croquante, c'est pour ça que je les préfère. Cela dit, vous pouvez très bien prendre des olives dénoyautées pour gagner du temps.*
- *Si vous n'avez pas envie d'éplucher toutes ces pommes de terre, ne le faites pas. Le crémeux que les pommes de terre pelées apporte à cette salade est incroyable, mais le résultat est tout à fait satisfaisant avec des pommes de terre non épluchées.*

Salade de tomates anciennes
à la chapelure panko aux anchois

Pour 4 à 6 personnes | Préparation : 10 min | Cuisson : 10 min | Total : 20 min

Imaginez un peu : c'est un soir d'été, le soleil est en train de se coucher, et une brise agréable rafraîchit l'air. Vous êtes dehors, sur un porche, un balcon, un jardin, et un plat de tomates juteuses, mûres à point, fait son apparition. L'odeur de l'ail et du basilic frais parfume l'air et vous vous apprêtez à vous servir. Attendez ! Quelqu'un parsème la salade de pépites dorées et croustillantes : de petits morceaux de panko aux anchois et à l'ail. Vous prenez une bouchée, le jus des tomates coule sur votre menton et se marie à la texture croquante à l'arôme umami. Vous ne pouvez plus vous retenir de vous resservir tout en sirotant un verre de vin blanc sec.

Pour la chapelure panko aux anchois

2 cuil. à soupe d'huile d'olive vierge extra

4 filets d'anchois à l'huile

1 cuil. à soupe d'huile d'anchois (du bocal ou de la conserve des anchois)

2 gousses d'ail finement hachées

30 g de chapelure panko ou autre chapelure

Pour la salade de tomates

1 cuil. à soupe d'huile d'olive vierge extra

1 cuil. à soupe de vinaigre de riz

1 gousse d'ail râpée

450 g de tomates anciennes et de tomates cerise

sel

8 à 10 feuilles de basilic

Préparez la chapelure panko aux anchois : dans une petite poêle, mélangez l'huile d'olive, les anchois et l'huile des anchois. Faites chauffer environ 2 min à feu moyen, en mélangeant de temps à autre, jusqu'à ce que la majorité des anchois se soient désintégrés dans l'huile. S'ils sont encore entiers, écrasez-les délicatement avec une cuillère en bois.

Baissez à feu doux-moyen. Ajoutez l'ail et laissez cuire environ 1 min, jusqu'à ce qu'il dégage tous ses arômes. Ajoutez la chapelure panko et mélangez pour bien l'enrober d'huile. Laissez cuire 4 à 6 min, sans cesser de remuer, jusqu'à ce que la chapelure soit parfumée, dorée et croustillante. Transférez sur une assiette et laissez refroidir.

Préparez la salade de tomates : dans un grand plat, mélangez rapidement l'huile d'olive, le vinaigre et l'ail. Coupez les tomates les plus grosses en rondelles de 1 cm, les tomates cerise en deux et disposez-les toutes sur le plat. Salez légèrement et parsemez des feuilles de basilic déchirées. Retournez les tomates pour les napper de vinaigrette et arrangez-les en une couche uniforme (elles peuvent se chevaucher un peu, mais on cherche à maximiser la surface disponible pour l'exquise chapelure !).

Au moment de servir, parsemez tout le plat de chapelure panko à l'ail et aux anchois. Servez immédiatement.

Note : *la chapelure panko va absorber rapidement le jus des tomates et perdre son croustillant. Si vous préparez cette salade pour une grande tablée, servez les tomates et la chapelure séparément, côte à côte, en invitant vos convives à parsemer leur assiette de panko avant de manger.*

Salade de chou-fleur à la mandoline
et vinaigrette citron-parmesan

Pour 4 à 6 personnes | Préparation : 20 min | Total : 20 min

Alors que l'on donne à certains enfants des fruits à grignoter quand ils ont faim, mes parents me proposaient du chou-fleur salé croquant. Ma mère achetait toujours un chou-fleur plus gros que ce dont elle avait besoin pour sa recette, car nous en mangions chaque fois à peu près la moitié avant qu'elle se mette à cuisiner. Cette recette de chou-fleur tout simple coupé à la mandoline et mélangé à une vinaigrette au citron s'inspire donc des assiettes de chou-fleur à grignoter de ma mère.

Dans un monde où le chou-fleur semble réduit à remplacer un glucide ou une autre, il y a quelque chose d'inédit à le laisser s'exprimer tel qu'il est. Détaillé en lamelles très fines pour souligner son croquant, le chou-fleur peut avoir une saveur plutôt discrète, mais il se marie à merveille avec la vinaigrette pimpante dans cette très chic salade monochrome.

- 3 cuil. à soupe d'huile d'olive vierge extra, plus un filet
- 1 cuil. à café de zeste de citron râpé
- 3 cuil. à soupe de jus de citron, plus un peu si nécessaire
- 3 gousses d'ail pressées
- sel et poivre noir du moulin
- 1 chou-fleur de taille moyenne (environ 1,2 kg)
- 20 g de copeaux de parmesan (voir note)

Dans un saladier, mélangez au fouet l'huile d'olive, le zeste et le jus de citron, l'ail, une grosse pincée de sel et beaucoup de poivre. Goûtez et rajoutez du sel et du jus de citron si nécessaire.

Coupez le chou-fleur en quatre. À l'aide d'une mandoline, détaillez le chou-fleur en lamelles de 6 mm au-dessus du saladier de vinaigrette. (Si vous n'avez pas de mandoline, utilisez un couteau tranchant.) Le chou-fleur va se casser un peu quand vous le coupez et disperser des petites fleurettes et des miettes au fur et à mesure ; vous pouvez replacer le morceau de chou-fleur sur la mandoline en cours de route, mais ne vous inquiétez pas si vous n'obtenez pas uniquement des lamelles parfaites. Mélangez les lamelles de chou-fleur avec la sauce pour bien les enrober.

Transférez sur un plat de service et parsemez de copeaux de parmesan. Arrosez d'un filet d'huile d'olive, parsemez de poivre et servez.

Note : *pour une version sans produit laitier, supprimez le parmesan et râpez finement quelques noix sur la salade. Leur saveur gourmande et beurrée apporte une tout autre dimension à la salade.*

Salade César au fenouil
et à la chapelure panko ail-citron

Pour 2 à 4 personnes | Préparation : 25 min | Cuisson : 5 min | Total : 30 min

La laitue romaine n'est pas la seule chose qui mérite de baigner dans une sauce César crémeuse. J'adore associer cette sauce classique à des légumes plus inattendus, comme le fenouil cru. Ce que je préfère dans le fenouil, c'est sa texture croquante et ses notes poivrées. Plongez les fines lamelles de fenouil dans un bain glacé pour les rendre encore plus croquantes, puis mélangez-les à la sauce onctueuse. Un truc à ne surtout pas supprimer ? La chapelure panko croustillante. Elle remplace les croûtons de la salade César traditionnelle en offrant une couche uniforme de croustillance à chaque bouchée.

Pour la chapelure panko ail-citron

2 cuil. à soupe d'huile d'olive vierge extra

2 gousses d'ail pressées ou râpées

1 cuil. à café de zeste de citron râpé

20 g de chapelure panko ou autre chapelure

sel

Pour la salade César au fenouil

1 gros ou 2 petits bulbes de fenouil détaillés en très fines lamelles, les frondes réservées pour le dressage

4 filets d'anchois à l'huile hachés ou écrasés avec une fourchette

1 gros jaune d'œuf

2 gousses d'ail finement râpées ou pressées

1 cuil. à café de moutarde de Dijon

le zeste râpé de ½ citron

2 cuil. à soupe de jus de citron

8 cl d'huile neutre (tournesol ou pépin de raisin)

25 g de parmesan finement râpé

sel

copeaux de parmesan, pour le service

Préparez la chapelure panko ail-citron : dans une petite poêle, faites chauffer l'huile d'olive à feu moyen. Ajoutez l'ail et le zeste de citron. Laissez cuire environ 1 min, jusqu'à ce qu'ils dégagent tous leurs arômes. Ajoutez la chapelure panko et une pincée de sel, puis laissez cuire sans cesser de remuer, jusqu'à ce qu'elle soit dorée et croustillante. Transférez sur une assiette et laissez refroidir.

Préparez la salade César au fenouil : remplissez un saladier d'eau froide et ajoutez quelques glaçons. Plongez-y les lamelles de fenouil et laissez-les reposer pour qu'elles soient bien croquantes.

Dans un saladier, mélangez au fouet les anchois, le jaune d'œuf, l'ail, la moutarde, le zeste et le jus de citron. Sans cesser de fouetter, versez très lentement l'huile en filet, en commençant par quelques gouttes seulement. Fouettez jusqu'à ce que la sauce soit lisse et forme une émulsion. Ajoutez le parmesan râpé et fouettez encore une fois pour l'incorporer. Goûtez et rajoutez du sel si nécessaire (les anchois sont assez salés, vous n'aurez pas à rajouter beaucoup de sel).

Égouttez le fenouil et essuyez-le soigneusement avec un torchon (ou passez-le à l'essoreuse à salade). Mettez le fenouil dans le saladier de sauce et mélangez pour bien l'enrober.

Dressez le fenouil sur un plat. Parsemez de chapelure panko croustillante et de copeaux de parmesan, puis des frondes de fenouil réservées au début. Servez immédiatement.

Notes :

- *Si la sauce se sépare parce que vous avez incorporé trop d'huile d'un coup, mettez un jaune d'œuf ou une cuillerée à café de moutarde dans un bol propre. Versez lentement la sauce séparée dans le bol, en un filet régulier, en fouettant énergiquement pour l'émulsifier.*
- *Si vous n'aimez vraiment pas les anchois, utilisez 2 ou 3 cuil. à café de sauce soja ou de miso blanc pour imiter leur goût salé/umami.*

Salade de petit épeautre aux pommes
et vinaigrette aux noix de pécan et au sirop d'érable

Pour 4 à 6 personnes | Préparation : 20 min | Cuisson : 40 min | Total : 1 h

Cette salade très complète est tout à fait le genre de choses à faire après une journée de cueillette des pommes. C'est une ode à l'automne, avec ses pommes croquantes acidulées, son petit épeautre rustique et sa roquette poivrée. Le sirop d'érable, le cumin et la cannelle apportent de la chaleur et une belle diversité de saveurs.

Chaque fois que je mange du petit épeautre, je me rappelle les séances de pêche avec mes voisins quand j'avais cinq ou six ans. Nos mères nous faisaient cuire de l'épeautre pour servir d'appât, mais nous finissions toujours par en manger la moitié avant d'arriver au lac ! Bien que je ne sois pas allée pêcher depuis longtemps, je n'ai jamais arrêté de manger du petit épeautre.

- 6 cl d'huile d'olive vierge extra, plus 1 cuil. à soupe
- 200 g de petit épeautre
- sel
- 135 g de noix de pécan hachées
- 1 cuil. à café de graines de cumin
- ¼ de cuil. à café de cannelle moulue
- 6 cl de vinaigre de cidre, plus un peu si nécessaire
- 3 cuil. à soupe de sirop d'érable, plus un peu si nécessaire
- 1 cuil. à soupe de moutarde de Dijon
- 2 pommes Honey Crisp ou Pink Lady de taille moyenne (environ 450 g), coupées en dés de 1 cm
- 2 bonnes poignées de jeune roquette émincée

Dans une casserole de taille moyenne, faites chauffer 1 cuil. à soupe d'huile à feu moyen. Faites-y revenir le petit épeautre environ 3 min, en mélangeant de temps à autre, jusqu'à ce qu'il soit grillé et odorant. Ajoutez 75 cl d'eau et une grosse pincée de sel, puis portez à ébullition. Faites cuire le petit épeautre 20 à 30 min, en mélangeant de temps à autre, jusqu'à ce qu'il soit tendre. Égouttez-le et laissez-le refroidir.

Préchauffez le four à 210 °C (th. 7). Tapissez une plaque de papier sulfurisé.

Étalez les noix de pécan, les graines de cumin et la cannelle sur la plaque, puis mélangez. Enfournez pour 6 à 10 min de cuisson, jusqu'à ce que les noix de pécan épicées soient bien parfumées. Laissez-les refroidir sur la plaque.

Dans un saladier, mélangez au fouet le vinaigre, le sirop d'érable, la moutarde et une pincée de sel. Sans cesser de fouetter, incorporez progressivement le reste de l'huile d'olive en émulsionnant bien le tout. Goûtez et rectifiez l'assaisonnement en rajoutant du sel, du vinaigre ou du sirop d'érable si nécessaire.

Dans un saladier, mélangez le petit épeautre cuit, les noix de pécan grillées avec les épices, les pommes, la roquette et la sauce. Mélangez pour bien répartir la sauce. Servez immédiatement.

Salade de concombre
au yaourt salé au citron

Pour 4 personnes | Préparation : 10 min | Total : 10 min

Cette recette de salade crémeuse au concombre a le même goût que des cuillerées rafraîchissantes de tzatziki mais avec plus de croquant pour tous les adeptes, comme moi, des mix de textures. À la place du concombre râpé que l'on trouve habituellement dans la délicieuse sauce grecque, ma recette utilise des rondelles de concombre croquantes et bien salées. Empilez-les sur un lit de yaourt à l'ail pour une présentation bien colorée. Pour une petite note acidulée supplémentaire, j'aime ajouter des zestes de citron, du jus de citron fraîchement pressé et des piments calabrais pour apporter du peps.

450 g de mini-concombres coupés en rondelles de 0,5 cm

sel

200 g de yaourt à la grecque

3 gousses d'ail râpées ou pressées

½ cuil. à café de zeste de citron râpé, plus un peu pour le service

4 cuil. à soupe de jus de citron, plus un peu si nécessaire

3 cuil. à soupe d'huile d'olive vierge extra

2 cuil. à soupe d'aneth finement ciselé

1 petit piment calabrais ou 1 piment rouge Fresno finement émincé (facultatif)

Mettez les concombres dans un saladier avec une grosse pincée de sel. Mélangez les rondelles de concombre avec les mains en les écrasant délicatement.

Dans un bol, mélangez au fouet le yaourt, l'ail, le zeste de citron, 1 cuil. à soupe de jus de citron et une pincée de sel. Étalez le yaourt à l'ail sur un plat de service.

Ajoutez l'huile d'olive, le reste du jus de citron et l'aneth dans le saladier des concombres, puis mélangez. Goûtez et rectifiez l'assaisonnement en rajoutant du sel ou du jus de citron si nécessaire.

Empilez les concombres sur le yaourt en versant tout le jus du saladier sur la salade. Parsemez de zeste de citron et éventuellement de piments émincés.

Salade de pommes de terre super verte

Pour 6 personnes | Préparation : 25 min, plus 2 h de réfrigération | Cuisson : 20 min | Total : 2 h 45

S'il y a bien une chose que vous trouverez en abondance dans ce livre, ce sont des recettes de pommes de terre. Les pommes de terre sont l'un de mes accompagnements préférés, j'ai donc pris soin d'inclure une sélection de plats qui en contiennent, tels qu'un gratin, des pommes de terre sautées et, non pas une, mais deux salades de pommes de terre. Cette version crémeuse est bourrée d'herbes fraîches, c'est une recette parfaite pour accueillir les beaux jours. C'est même l'une des premières salades que je fais quand le printemps pointe le bout de son nez et que les marchés de producteurs commencent à proposer toutes sortes d'herbes fraîches, des pois gourmands croquants et des oignons nouveaux.

sel

650 g à 900 g de pommes de terre Yukon Gold nouvelles (ou autre variété à chair jaune)

6 cl d'huile d'olive vierge extra

2 ou 3 cuil. à soupe d'aneth finement ciselé

2 ou 3 cuil. à soupe de coriandre finement ciselée

2 ou 3 cuil. à soupe de persil finement ciselé

4 oignons nouveaux coupés en fines rondelles

2 cuil. à soupe de vinaigre de riz

1 petite échalote finement hachée

2 gousses d'ail râpées ou pressées

180 g de mayonnaise

2 belles poignées de pois gourmands coupés en deux

Portez une grande casserole d'eau à ébullition à feu moyen-vif. Ajoutez une grosse pincée de sel et les pommes de terre. Laissez bouillir 20 à 25 min, en mélangeant de temps à autre, jusqu'à ce que les pommes de terre soient tendres. Égouttez les pommes de terre et laissez-les refroidir.

Dans un grand bol, mélangez l'huile d'olive, l'aneth, la coriandre, le persil, les oignons nouveaux, le vinaigre, l'échalote et l'ail, plus une grosse pincée de sel.

Dans un saladier, mélangez au fouet la mayonnaise et presque tout le mélange aux herbes ciselées. Réservez le bol et le saladier.

Avec un couteau à parer ou simplement les mains, épluchez les pommes de terre, leur peau doit glisser assez facilement. Mettez les pommes de terre pelées dans le saladier avec la mayonnaise, en recoupant les pommes de terre les plus grosses au fur et à mesure. Ajoutez les pois gourmands et mélangez pour bien les enrober.

Couvrez et laissez reposer au moins 2 heures, et jusqu'à une nuit, au réfrigérateur.

Au moment de servir, dressez la salade de pommes de terre sur un grand plat et parsemez du reste d'herbes ciselées. Servez immédiatement.

Notes :

- *Si vous n'aimez pas trop l'une des herbes, remplacez-la par une autre à votre convenance.*
  Pas fan de la coriandre ? Rajoutez du persil. Vous détestez l'aneth ? Essayez la ciboulette.
- *Peler les pommes de terre vaut vraiment le coup : cela garantit d'obtenir une texture fondante, crémeuse tout en permettant aux pommes de terre d'absorber le plus possible les saveurs de la sauce. Vous pouvez toujours faire griller les peaux avec un peu d'huile d'olive et du sel pour faire un snack sympa ou un topping. Cela dit, cette recette fonctionne très bien avec des pommes de terre non pelées.*
- *Si vous n'avez vraiment pas envie de peler un tas de minuscules pommes de terre nouvelles, vous pouvez prendre des pommes de terre plus grosses, les faire cuire à l'eau, les éplucher, puis les couper en morceaux.*

Salade verte croquante
à la vinaigrette aux agrumes caramélisés

Pour 4 à 6 personnes | Préparation : 15 min | Cuisson : 20 min | Total : 35 min

Nous avons tous besoin d'une recette de salade verte fiable, mais qui en jette, à préparer pour toutes les occasions et qui plaira à coup sûr à tout le monde. Le secret pour obtenir une fantastique salade, c'est la vinaigrette, ici, une version aux agrumes caramélisés réalisée avec des rondelles d'agrumes grillées enrobées de sucre. C'est doux, sucré, acidulé et super bon. Les agrumes sont finement émincés et mélangés avec du jus de citron, du miel et de l'huile d'olive pour une vinaigrette sophistiquée qui transforme n'importe quelle feuille de laitue en une salade inoubliable.

- 1 petite orange, variété Cara Cara ou navel, coupée en rondelles de 1 cm, les extrémités réservées
- 1 petit citron Meyer ou classique (page 21), coupé en rondelles de 1 cm, les extrémités réservées
- 6 cl d'huile d'olive vierge extra
- 2 cuil. à soupe de sucre
- 2 petites sucrines ou salades romaines, sans le trognon, les feuilles séparées
- 2 cuil. à soupe de jus de citron, plus un peu si nécessaire
- 2 cuil. à soupe de miel
- 1 cuil. à café de vinaigre de riz
- sel
- ½ cuil. à café de gingembre frais râpé (facultatif)
- 30 g de pistaches grossièrement hachées
- 20 g de copeaux de fromage vieux, du gruyère, du cheddar ou du parmesan, par ex. (voir note)
- flocons de sel, pour le service

Préchauffez le four à 200 °C (th. 6-7). Disposez les rondelles d'orange et de citron sur une petite plaque. Arrosez-les d'huile d'olive et saupoudrez-les de sucre.

Enfournez pour 14 à 16 min de cuisson, jusqu'à ce qu'elles soient tendres et commencent à caraméliser.

Préchauffez le gril du four. Placez la grille du four à environ 10 cm de la résistance. Faites griller les agrumes 2 à 4 min, en les surveillant attentivement, jusqu'à ce que la chair développe une croûte dorée et qu'elle grésille. Transférez délicatement les agrumes grillés sur une planche et laissez-les refroidir.

Frottez la plaque avec les extrémités des agrumes réservées au départ, côté coupé sur le dessous, afin de décoller tous les petits morceaux caramélisés, et mettez les petits bouts décollés et l'huile résiduelle dans un bol. Jetez les extrémités d'agrume.

Mettez les feuilles de salade dans un saladier rempli d'eau glacée et laissez-les reposer le temps de faire la vinaigrette pour qu'elles soient bien croquantes.

Hachez finement les agrumes froids et mettez-les dans le bol avec l'huile et les petits résidus solides caramélisés. Ajoutez le jus de citron, le miel, le vinaigre, une pincée de sel et éventuellement le gingembre. Mélangez au fouet. La vinaigrette doit avoir la consistance d'une confiture assez liquide, facile à étaler. Goûtez et rajoutez du sel ou du jus de citron et du vinaigre si nécessaire. Si la sauce semble trop épaisse, vous pouvez la diluer avec un peu d'eau froide.

Égouttez la salade et essuyez-la avec un torchon (ou passez-la à l'essoreuse à salade).

Dans un saladier, mélangez la salade avec la moitié de la vinaigrette.

Au moment de servir, dressez la salade sur un plat en une couche uniforme. Arrosez du reste de sauce et parsemez de pistaches hachées, de copeaux de parmesan et de flocons de sel.

Note : *pour une version sans produit laitier, supprimez les copeaux de fromage et râpez finement quelques noix ou noix de cajou sur la salade.*

Salade des moissons au brocoli
et à la patate douce, et croustillant de sésame au sirop d'érable

Pour 4 à 6 personnes | Préparation : 25 min | Cuisson : 35 min | Total : 1 h

Une recette pour célébrer les moissons à l'automne : du brocoli rôti, du kale croquant et des patates douces, le tout nappé d'une vinaigrette à la moutarde et au sirop d'érable, puis parsemés de feta. Le meilleur ? Le croustillant de sésame au sirop d'érable ! J'en fais souvent un peu plus pour le grignoter pendant que je prépare la « vraie » salade. C'est sucré, grillé et ça apporte une texture très sympa à chaque bouchée. Cette salade est prévue pour une grande tablée, vous pouvez l'assembler à l'avance et émietter le croustillant de sésame au dernier moment pour qu'il reste bien croquant.

Pour le croustillant de sésame

60 g de graines de sésame

2 cuil. à soupe de sirop d'érable

1 cuil. à soupe d'huile neutre (tournesol ou pépin de raisin)

½ cuil. à café de sel

Pour la salade des moissons

2 bouquets de kale ou de chou frisé lacinato de taille moyenne

1 tête de brocoli, la tige pelée coupée en fines rondelles, détaillée en fleurettes

1 patate douce épluchée et coupée en rondelles de 0,5 cm

6 cl d'huile neutre (tournesol ou pépin de raisin)

eau bouillante

sel

Pour la vinaigrette

3 cuil. à soupe de sirop d'érable

3 cuil. à soupe de vinaigre de riz ou de cidre, plus un peu si nécessaire

3 cuil. à soupe d'huile d'olive vierge extra, plus un peu si nécessaire

2 cuil. à soupe de moutarde

3 gousses d'ail pressées ou râpées

sel

Pour l'assemblage

sel

160 g de feta émiettée

Préparez le croustillant de sésame au sirop d'érable : préchauffez le four à 200 °C (th. 6-7). Tapissez une plaque de papier sulfurisé.

Dans un bol, mélangez les graines de sésame, le sirop d'érable, l'huile et une pincée de sel. Versez la préparation sur la plaque et étalez-la en une seule couche d'une épaisseur de 0,5 cm. Enfournez pour 10 à 12 min de cuisson, jusqu'à ce que la préparation soit parfumée et grillée. Laissez refroidir complètement.

Préparez la salade des moissons : augmentez la température du four à 220 °C (th. 7-8). Tapissez deux plaques de papier sulfurisé.

Détachez les feuilles des tiges de kale et faites deux tas séparés. Hachez finement les feuilles et mettez-les dans une passoire.

Hachez finement les tiges. Coupez les fleurettes de brocoli les plus grosses en morceaux. Étalez uniformément les tiges de kale, les fleurettes de brocoli, les tiges de brocoli et les rondelles de patate douce sur les deux plaques. Arrosez d'huile d'olive et salez généreusement. Mélangez bien.

Enfournez pour 20 min de cuisson. Préchauffez le gril du four. Placez la grille du four à environ 10 cm de la résistance. Faites griller les légumes 2 ou 3 min, en les surveillant attentivement, jusqu'à ce qu'ils soient très grillés par endroits.

Posez la passoire pleine de feuilles de kale dans l'évier ou sur un saladier. Versez quelques verres d'eau bouillante dessus pour faire tomber les feuilles (ça les rend plus faciles à mastiquer) et égouttez-les. Rincez le kale à l'eau froide et pressez-le entre vos mains pour éliminer toute l'eau.

Préparez la vinaigrette au sirop d'érable : dans un petit saladier, mélangez au fouet le sirop d'érable, le vinaigre, l'huile, la moutarde, l'ail et une pincée de sel. Goûtez et rectifiez l'assaisonnement en rajoutant du sel, de l'huile ou du vinaigre si nécessaire.

Assemblez la salade : mettez les feuilles de kale, une pincée de sel et la moitié de la vinaigrette dans un saladier. Massez avec les mains pendant 1 ou 2 min pour faire pénétrer la vinaigrette dans le kale. Ajoutez les légumes grillés et la feta, puis mélangez de nouveau. Arrosez du reste de vinaigrette et émiettez le croustillant de sésame au sirop d'érable par-dessus. Servez immédiatement.

Salade de carottes aux raisins secs d'inspiration afghane

Pour 4 personnes | Préparation : 10 min, plus 2 h de réfrigération | Cuisson : 20 min | Total : 2 h 30

Des carottes ? Mouais, pas trop mon truc. Des raisins secs ? Pas hyper fan non plus. Cette salade ? Je pourrais manger le saladier à moi toute seule. Je l'ai découverte dans un restaurant afghan alors que je goûtais leur *kabuli pulao*. Alors que les carottes et les raisins secs sont habituellement déposés sur le dessus du plat ou mélangés avec, eux servent une salade de carottes et raisins secs en accompagnement — à couper le souffle. Ces carottes râpées sucrées-salées aux raisins secs m'a laissé un souvenir si mémorable que j'ai passé les semaines suivantes à essayer de la refaire chez moi. J'ai découvert que les carottes râpées toutes prêtes en sachet possédaient la texture parfaite. Ma version explose un peu plus en bouche grâce à l'ajout de jus de citron vert, pas très tradi, qui contraste avec le goût sucré. Servez-la avec des escalopes de poulet panées (page 81) ou du poulet rôti au poivre et au citron (page 87).

100 g de cassonade ou de sucre de canne brun, plus 2 cuil. à soupe

35 g de raisins secs hachés

2 cuil. à café de sel, plus un peu si nécessaire

1¼ de cuil. à café de cardamome verte moulue

1 sachet de 250 g de carottes râpées ou en julienne

6 cl de jus de citron vert, plus quelques tranches de citron vert, à presser sur la salade

Dans une casserole de taille moyenne, mélangez 100 g de cassonade, les raisins secs, le sel, 1 cuil. à café de cardamome et 1 l d'eau. Portez à ébullition à feu moyen. Baissez à feu doux-moyen et laissez mijoter environ 10 min, jusqu'à ce que le sucre soit complètement dissout et que le mélange soit très parfumé. Ajoutez les carottes et faites-les cuire 10 à 12 min, jusqu'à ce qu'elles soient tendres et faciles à mâcher.

Placez une passoire fine au-dessus d'un saladier. Égouttez les carottes en réservant le liquide dans le saladier (voir note).

Transférez les carottes égouttées dans un saladier. Ajoutez le jus de citron vert, le reste de la cassonade, le reste de la cardamome, une petite pincée de sel et 6 cl du liquide de cuisson des carottes. Mélangez bien. Couvrez et laissez reposer au moins 2 heures, et jusqu'à une nuit, au réfrigérateur. Rectifiez de nouveau l'assaisonnement (le froid peut rendre toutes les saveurs plus fades) et rajoutez du sel si nécessaire.

Servez bien froid avec des tranches de citron vert.

Note : *l'eau de cuisson des carottes a le goût d'un carrot cake ! Vous pouvez la boire comme une tisane chaude, la placer au réfrigérateur et compléter avec de l'eau pétillante et des glaçons, ou en ajouter dans votre cocktail préféré.*

en bonne compagnie

Gratin poireaux-pommes de terre

Pour 6 à 8 personnes | Préparation : 30 min | Cuisson : 1 h 45 | Total : 2 h 15

On a tous besoin d'un accompagnement qui impressionne à coup sûr nos invités et ce gratin poireaux-pommes de terre a tout pour lui. Cette recette est un classique amélioré : elle reprend les saveurs traditionnelles d'un gratin de pommes de terre avec un petit truc en plus, un zeste de citron parfumé, de la coriandre florale, un lait fermenté maison réalisé avec de la crème et du vinaigre pour la note acidulée et des poireaux fondus légèrement sucrés.

120 g de beurre doux, plus un peu pour le plat

900 g de pommes de terre Yukon Gold (ou autre variété à chair jaune)

6 poireaux de taille moyenne

sel

2 cuil. à café de zeste de citron râpé

2 cuil. à café de coriandre moulue

2 cuil. à café de poivre noir du moulin

2 cuil. à café de romarin frais ciselé

37 cl de crème liquide entière

2 cuil. à soupe de vinaigre blanc distillé ou de cidre

110 g de gruyère ou de cheddar vieux, grossièrement râpés

Note : *le bon côté de cette recette, ce sont les restes. J'adore la faire parce que je sais que je suis parée pour le petit-déjeuner des jours suivants. Voilà comment procéder : transférez le gratin dans une poêle et faites-le réchauffer à feu moyen pour qu'il soit croustillant, jusqu'à ce que les pommes de terre commencent à développer une belle croûte dorée. Cassez 2 œufs autour des pommes de terre, couvrez et laissez cuire, jusqu'à ce que le blanc d'œuf soit cuit. Servez immédiatement en perçant les jaunes pour qu'ils coulent sur le gratin.*

Préchauffez le four à 200 °C (th. 6-7). Beurrez légèrement un plat de 23 x33 cm. Remplissez un saladier d'eau froide à mi-hauteur. À l'aide d'une mandoline ou d'un couteau affûté, coupez les pommes de terre en rondelles très fines (environ 3 mm). Mettez-les dans l'eau froide.

Remplissez un deuxième saladier d'eau froide. Enlevez les racines des poireaux et les feuilles vert foncé (congelez-les et utilisez-les pour préparer un bouillon). Enlevez la couche extérieure de chaque poireau. Coupez les parties blanches et vert clair en rondelles de 1,5 cm. Mettez les poireaux dans l'eau et rincez-les soigneusement pour enlever toute la terre entre les différentes couches. Égouttez les poireaux et rincez-les de nouveau en les faisant tourner dans une passoire fine.

Dans une grande sauteuse, faites fondre 100 g de beurre à feu moyen. Faites-y revenir les poireaux avec une grosse pincée de sel environ 10 min, en remuant de temps à autre, jusqu'à ce qu'ils soient bien dorés et assez tendres. Si les poireaux brunissent trop rapidement, baissez le feu.

Baissez à feu doux-moyen. Déplacez les poireaux d'un côté de la sauteuse et mettez le reste du beurre au centre. Quand le beurre a fondu, ajoutez le zeste de citron, la coriandre, le poivre noir et le romarin. Faites revenir environ 2 min, jusqu'à ce que les condiments dégagent tous leurs arômes et soient bien dorés. Ajoutez la crème et le vinaigre, plus une grosse pincée de sel, puis mélangez. Retirez la sauteuse du feu.

Égouttez les rondelles de pommes de terre et transférez-les dans un plat. Versez les poireaux à la crème sur les pommes de terre et parsemez de fromage. À l'aide d'une spatule, mélangez délicatement pour bien enrober les pommes de terre. Vous pouvez remettre en place les pommes de terre avec la spatule, mais ne vous cassez pas trop la tête. Les petits morceaux qui dépassent des autres et grillent sont toujours délicieux. Couvrez le plat de papier d'aluminium en serrant bien.

Enfournez pour 1 h de cuisson, jusqu'à ce que les pommes de terre soient très tendres. Enlevez délicatement le papier d'aluminium et remettez le plat dans le four. Faites griller 25 à 30 min, jusqu'à ce que le dessus et le pourtour soient bien dorés.

Laissez refroidir environ 10 min avant de servir.

Chou rôti
à l'huile à la pistache et à l'ail croustillant

Pour 4 personnes | Préparation : 10 min | Cuisson : 35 min | Total : 45 min

Le chou est sans doute l'un de mes cinq légumes préférés, il se prépare de mille manières et je ne m'en lasse jamais. On peut le faire fermenter pour obtenir une choucroute acidulée, le rouler pour faire des petits choux farcis à la viande, le transformer en un coleslaw crémeux, mais ma recette favorite reste ce chou rôti au four à haute température, puis arrosé d'huile d'olive. L'extérieur caramélise tandis que l'intérieur s'attendrit comme du beurre pour fondre en bouche. Vous pouvez déguster les quartiers de chou tels quels ou les napper d'un topping à l'ail et à la pistache parfumé à la coriandre et au poivre noir. Cette garniture va s'infiltrer entre les feuilles du chou et dans tous les interstices, tandis que l'huile à l'ail va inonder le cœur.

Cet accompagnement époustouflant se marie à merveille avec du poisson grillé, du poulet rôti ou un steak.

Pour le chou rôti

1 petit chou vert (environ 900 g)

6 cl d'huile d'olive vierge extra

sel

Pour l'huile à l'ail et à la pistache

½ cuil. à café de grains de poivre noir

½ cuil. à café de graines de coriandre

12 cl d'huile neutre (tournesol ou pépin de raisin)

12 gousses d'ail coupées en fines rondelles

1 cuil. à café de zeste de citron râpé

40 g de pistaches hachées

2 cuil. à café de jus de citron, plus un peu si nécessaire

sel

Préparez le chou rôti : préchauffez le four à 210 °C (th. 7). Tapissez une plaque de papier sulfurisé.

Coupez le chou en deux dans la hauteur. Recoupez chaque moitié en trois morceaux dans la hauteur. Disposez les tranches de chou sur la plaque et arrosez-les d'huile d'olive. Retournez les morceaux pour les enrober uniformément d'huile et salez généreusement.

Enfournez pour environ 20 min de cuisson, jusqu'à ce que le dessous du chou ait bruni un peu et commencé à brûler par endroits. Avec une pince ou une spatule, retournez les morceaux de chou. Poursuivez la cuisson 10 à 15 min, jusqu'à ce que le chou soit tendre à l'intérieur et bien grillé et croustillant sur le pourtour.

Préparez l'huile à l'ail et à la pistache : dans un mortier, écrasez rapidement les grains de poivre et les graines de coriandre avec un pilon. (Vous pouvez aussi les placer entre deux feuilles de papier absorbant et passer plusieurs fois dessus avec un rouleau à pâtisserie.)

Dans une petite poêle, faites revenir l'ail dans l'huile 6 ou 7 min, à feu doux-moyen, jusqu'à ce que l'ail dore légèrement et commence à être croustillant. Retirez la poêle du feu. Ajoutez les grains de poivre et la coriandre, puis le zeste de citron et mélangez. Ajoutez les pistaches, le jus de citron et une pincée de sel. Mélangez de nouveau. Goûtez et rectifiez l'assaisonnement en rajoutant du sel ou du jus de citron si nécessaire.

Dressez le chou rôti sur un plat et nappez-le de topping. Servez chaud.

Pommes de terre rôties au curcuma
pour les fans de citron

Pour 4 personnes | Préparation : 15 min | Cuisson : 1 h 25 | Total : 1 h 40

J'aimerais vous proposer mon interprétation des exquises pommes de terre grecques au citron : avec le curcuma, ces pommes de terre ultra-fondantes, citronnées, bien acidulées, prennent une belle couleur jaune vif et une alléchante saveur rustique. C'est l'accompagnement parfait pour n'importe quelle protéine. La préparation de cette recette tout-en-un commence par une marinade citron-curcuma. Les pommes de terre absorbent le liquide et toutes ses saveurs dans le four et développent une enveloppe croustillante qui renferme un cœur fondant. J'aime les servir sur un lit de crème fraîche froide et les recouvrir d'aneth.

12 cl de jus de citron (environ 3 citrons)

6 cl d'huile d'olive vierge extra

4 gousses d'ail écrasées

1 cuil. à café de curcuma moulu

1 kg de pommes de terre Yukon Gold (ou autre variété à chair jaune), non épluchées, coupées en dés de 2,5 cm

sel et poivre noir du moulin

2 cuil. à café de zeste de citron râpé

25 cl de crème fraîche (voir notes)

aneth ciselé, pour le service

Préchauffez le four à 210 °C (th. 7).

Dans un plat de 23 x33 cm (voir notes), mélangez le jus de citron, 12 cl d'eau, l'huile d'olive, l'ail et le curcuma. Ajoutez les pommes de terre, salez et poivrez généreusement, puis couvrez le plat de papier d'aluminium en serrant bien.

Enfournez pour 40 à 45 min de cuisson, jusqu'à ce que les pommes de terre aient absorbé presque tout le liquide (il en restera peut-être un peu) et ait pris une belle couleur jaune vif.

Enlevez délicatement le papier d'aluminium et mélangez les pommes de terre avec le jus restant. Enfournez de nouveau pour 35 à 40 min de cuisson, jusqu'à ce que les pommes de terre soient tendres avec un pourtour croustillant.

Mélangez les pommes de terre avec le zeste de citron. Étalez la crème sur un plat et posez les pommes de terre au centre. Parsemez d'aneth et servez immédiatement.

Notes :

- *Si vous préférez un plat sans produit laitier, supprimez la crème fraîche et arrosez les pommes de terre grillées d'un filet d'huile d'olive.*
- *Une petite mise en garde : quoi que vous fassiez, n'utilisez pas le plat à gratin hérité de votre grand-mère, ou le plat vintage que vous adorez et que vous avez payé bien trop cher au dernier vide-grenier, pour faire cuire ces pommes de terre. La marinade au curcuma risque de le tacher définitivement. Prenez plutôt un plat moins précieux : alors que je mettais au point cette recette, mon plat à gratin en céramique s'en est sorti indemne, tandis que mon plat à 6 $ a écopé de quelques blessures de guerre ridiculement jaunes.*

Smashed potatoes croustillantes
à la crème fraîche et aux oignons nouveaux grillés

Pour 4 à 6 personnes | Préparation : 20 min | Cuisson : 50 min | Total : 1 h 10

Ces pommes de terre ont le goût d'un paquet de chips *sour cream & onion* évolué et plus sophistiqué. Et comme avec tout paquet de bonnes chips, vous aurez du mal à vous arrêter de manger ces pommes de terre crousti-fondantes recouvertes de cuillerées de crème fraîche et d'oignons nouveaux grillés au bon goût fumé.

Faire griller les ingrédients jusqu'à ce qu'ils soient un peu brûlés est une technique géniale pour leur donner du caractère : ici, certaines parties des oignons nouveaux conservent leur fraîcheur poivrée, tandis que d'autres prennent une saveur plus fumée et plus ronde.

Pour les smashed potatoes

- 1,3 kg de pommes de terre Yukon Gold nouvelles (ou autre variété à chair jaune) (28 à 30 pommes de terre)
- 40 g de fleur de sel, plus un peu pour saupoudrer le plat
- 6 cl d'huile d'olive vierge extra, plus un filet

Pour les oignons nouveaux grillés

- 15 oignons nouveaux, les racines coupées
- 1 cuil. à café de graines de coriandre concassées
- 1 cuil. à café de poivre noir concassé
- 6 cl d'huile d'olive vierge extra
- 2 gousses d'ail pressées ou finement râpées
- le zeste râpé d'½ citron vert
- 1 cuil. à café de jus de citron vert
- sel
- 25 cl de crème fraîche, plus un peu si nécessaire
- flocons de sel, pour le service

Préparez les smashed potatoes : préchauffez le four à 210 °C (th. 7). Tapissez une grande plaque ou deux plaques standard de papier sulfurisé.

Dans une grande cocotte, mélangez les pommes de terre, la fleur de sel et 1,5 kg d'eau. Portez à ébullition et faites cuire 7 à 10 min, jusqu'à ce qu'une fourchette s'enfonce facilement dans la chair des pommes de terre. Retirez la cocotte du feu et égouttez les pommes de terre.

Transférez-les sur la ou les plaques et mélangez-les avec l'huile d'olive. Étalez-les en une couche uniforme. À l'aide d'un verre à fond plat, écrasez chaque pomme terre sans les émietter complètement. (Certaines vont inévitablement s'émietter en faisant des petits morceaux, ce n'est pas grave du tout.) Arrosez d'un peu d'huile d'olive et salez généreusement.

Enfournez pour 20 min de cuisson, jusqu'à ce que le pourtour des pommes de terre commence à être croustillant. Poursuivez la cuisson 15 à 20 min, jusqu'à ce que les pommes de terre soient croustillantes et bien dorées.

Pendant ce temps, préparez les oignons nouveaux grillés : faites chauffer une grande poêle en fonte à sec à feu moyen pendant 5 min, jusqu'à ce qu'elle fume presque. Étalez les oignons nouveaux dans la poêle en une couche uniforme. Lestez-les en posant une presse à burger ou une autre poêle dessus pour augmenter le contact avec la surface chaude. Faites griller les oignons nouveaux 3 ou 4 min, jusqu'à ce qu'ils soient bien brûlés par endroits. Avec une pince, retournez les oignons nouveaux et faites-les cuire 3 ou 4 min, jusqu'à ce qu'ils soient croustillants par endroits et tendres à d'autres. Retirez la poêle du feu et transférez les oignons nouveaux sur une planche.

Mettez la coriandre et le poivre concassés dans la poêle, hors du feu, et faites-les griller 1 ou 2 min à la chaleur résiduelle, jusqu'à ce qu'ils dégagent tous leurs arômes. Transférez les épices dans un bol pour qu'elles refroidissent.

Émincez les oignons nouveaux en morceaux de 1 cm environ et mettez-les dans le bol avec les épices. Ajoutez l'huile d'olive, l'ail, le zeste et le jus de citron vert et une pincée de sel. Mélangez. Goûtez et rectifiez l'assaisonnement.

Dressez les smashed potatoes sur un plat de service. Déposez des cuillerées de crème fraîche et les oignons nouveaux assaisonnés sur les pommes de terre. Parsemez de flocons de sel et servez.

Chou-fleur rôti au miel
et au vinaigre balsamique

Pour 4 personnes | Préparation : 15 min | Cuisson : 45 min | Total : 1 h

N'avons-nous pas tous besoin d'une recette fiable et facile à dégainer à tout moment ? J'ai une recette de chou-fleur rôti parfaite. Tout débute avec une vinaigrette au miel et au vinaigre balsamique, hyper bonne dans une salade verte, que nous allons utiliser pour enrober les fleurettes de chou-fleur avant de les faire griller jusqu'à ce qu'elles soient tendres, croustillantes et brûlées par endroits, caramélisées à d'autres.

Cette recette peut servir à plein de choses : vous pouvez ajouter ce chou-fleur miel-balsamique dans une salade composée pour le dîner ou dans un sandwich, le servir en accompagnement d'une viande ou le faire griller avec deux œufs pour le petit-déjeuner.

6 cl de vinaigre balsamique, plus un peu si nécessaire

3 cuil. à soupe de miel

1 cuil. à soupe de moutarde de Dijon

3 gousses d'ail finement râpées ou pressées

sel

6 cl d'huile d'olive vierge extra, plus un filet si nécessaire

1 chou-fleur de taille moyenne (environ 1 kg)

Préchauffez le four à 210 °C (th. 7). Tapissez une plaque de papier sulfurisé.

Dans un saladier, mélangez au fouet le vinaigre balsamique, le miel et la moutarde, jusqu'à ce que tout le miel soit dissout. Ajoutez l'ail et une pincée de sel, puis fouettez de nouveau. Sans cesser de fouetter, versez lentement l'huile d'olive pour former une émulsion. Goûtez et rectifiez l'assaisonnement en rajoutant du sel, de l'huile ou du vinaigre balsamique si nécessaire.

Enlevez les feuilles du chou-fleur. (Conservez-les pour les faire sauter à la poêle, c'est délicieux.) Coupez le chou-fleur en deux dans la hauteur. Détachez les fleurettes en recoupant les plus grosses en deux. Coupez la tige du chou-fleur en morceaux de 0,6 cm.

Mettez tout le chou-fleur dans le saladier. Mélangez en massant pour bien l'enrober de sauce qui doit pénétrer dans les fleurettes. Étalez les morceaux de chou-fleur, côté coupé sur le dessous, en une couche uniforme.

Enfournez pour 40 à 45 min de cuisson, jusqu'à ce que le chou-fleur soit tendre à cœur et brûlé sur le pourtour. Servez immédiatement.

Brocoli rôti
à la sauce au cheddar et à la chapelure panko au beurre

Pour 4 à 6 personnes | Préparation : 20 min | Cuisson : 40 min | Total : 1 h

Quand on dit plat principal végétarien, on ne pense pas forcément à une tête de brocoli entière, pourtant c'était l'une des options préférées de ma mère quand j'étais petite. Dès qu'elle n'avait plus de viande à décongeler ou qu'elle souhaitait faire un repas plus léger, elle faisait cuire à l'eau quelques têtes de brocoli entières, puis elle les noyait sous une béchamel fumante qu'elle venait de préparer. Accompagné de salade verte, le brocoli nappé de béchamel rencontrait toujours un vif succès.

Cette recette de brocoli qui se sert en guise d'accompagnement s'inspire de ce repas réconfortant que j'appréciais tant enfant. Au lieu de faire cuire le brocoli à l'eau, j'aime bien le faire rôtir. Si la cuisson à l'eau attendrit les fibres du brocoli, la cuisson au four développe beaucoup plus les saveurs. Le brocoli rôti légèrement amer sera prêt à absorber le goût crémeux de la sauce au cheddar vieux. Pour plus de texture, vous ne pourrez pas vous tromper avec la chapelure panko au beurre légèrement grillée.

Pour le brocoli rôti

1 kg de brocoli (environ 2 petites têtes)

8 cl d'huile d'olive vierge extra

sel

Pour la chapelure panko au beurre

2 cuil. à soupe de beurre doux

30 g de chapelure panko ou autre chapelure

sel

Pour la béchamel au cheddar

2 cuil. à soupe de beurre doux

2 cuil. à soupe de farine

1 gousse d'ail finement hachée

40 cl de lait entier

sel

150 g de cheddar vieux, finement râpé

Préparez le brocoli rôti : préchauffez le four à 210 °C (th. 7). Tapissez une plaque de papier sulfurisé.

Détaillez la tête de brocoli en grosses fleurettes. À l'aide d'un économe, pelez la tige de brocoli et coupez-la en morceaux de 0,5 cm. Mettez les morceaux de tige sur la plaque. Recoupez les plus grosses fleurettes en deux, dans la hauteur, et mettez-les aussi sur la plaque. Arrosez d'huile et salez généreusement. Mélangez pour bien enrober le brocoli d'huile et disposez les fleurettes, côté coupé sur le dessous, sur la plaque.

Enfournez pour 30 à 35 min de cuisson, jusqu'à ce que le brocoli soit brûlé sur le pourtour et tendre à cœur.

Pendant ce temps, préparez la chapelure panko au beurre : dans une casserole de taille moyenne, faites fondre le beurre à feu moyen, jusqu'à ce qu'il soit bien chaud et mousseux. Ajoutez la chapelure panko et une pincée de sel, puis faites cuire environ 5 min, en remuant fréquemment, jusqu'à ce que la chapelure ait absorbé le beurre et soit bien dorée. Transférez la chapelure sur une assiette.

Préparez la béchamel au cheddar : remettez la casserole à feu moyen (inutile de l'essuyer) et faites fondre le beurre. Ajoutez la farine et mélangez au fouet 2 ou 3 min, jusqu'à ce que la farine soit dorée et dégage une odeur grillée. Ajoutez l'ail et laissez cuire environ 1 min, jusqu'à ce qu'il dégage tous ses arômes. Versez progressivement le lait sans cesser de fouetter. Poursuivez la cuisson 4 ou 5 min, en fouettant, jusqu'à ce que la sauce ait épaissi. Ajoutez une pincée de sel et fouettez pour l'incorporer. Retirez la casserole du feu.

Ajoutez le fromage et incorporez-le avec une spatule en silicone. La chaleur résiduelle va faire fondre le fromage et former une émulsion.

Dressez le brocoli rôti sur un plat de service. Nappez le brocoli de sauce et parsemez-le de chapelure panko croustillante. Servez chaud.

Butternut rôtie
au pesto de graines de courge

Pour 4 personnes | Préparation : 20 min | Cuisson : 40 min | Total : 1 h

Quand j'étais petite, ma famille mangeait du potiron une, peut-être deux, fois par an, rôti avec un peu d'huile et de sel. C'était simple et délicieux, mais jamais exceptionnel et ce n'était pas le genre de plat que nous attendions avec impatience. Lorsque j'ai emménagé aux États-Unis, j'ai été incroyablement surprise de voir les épiceries et les marchés de producteurs se transformer en véritables foires aux potirons et aux courges dès le premier jour de septembre. On trouve partout les produits les plus dingues à base de potiron, comme du fromage de potiron, du soda au potiron, du savon, des croquettes pour chien… Depuis, j'ai appris à aimer le potiron, surtout en accompagnement.

Inspirée par cette période de transition entre la fin août et le début septembre, lorsque les potirons et autres courges font soudain leur apparition partout, et que les pieds de basilic sont encore vaillants, cette courge fondante accompagnée d'un pesto aux graines de courge compose un plat inoubliable.

Pour la courge rôtie

2 petites courges butternut ou 2 petits potirons (environ 1 kg en tout)

4 cuil. à soupe d'huile d'olive vierge extra

sel

Pour le pesto de graines de courge

50 g de graines de courge

1 bouquet de basilic frais effeuillé

3 gousses d'ail

sel

50 g de parmesan finement râpé

12 cl d'huile d'olive vierge extra, plus un peu si nécessaire

flocons de sel, pour le service

Faites rôtir la courge : préchauffez le four à 210 °C (th. 7). Tapissez deux grandes plaques de papier sulfurisé.

Pelez la courge avec un économe. Coupez les extrémités de la courge et coupez-la en deux dans la longueur. Avec une cuillère, enlevez les graines (mélangez-les avec de l'huile d'olive et des épices, puis faites-les griller pour un petit snack plus tard). Avec un couteau affûté, coupez les demi-courges en rondelles de 1 cm environ.

Répartissez les rondelles de courge sur les deux plaques. Arrosez-les de 2 cuil. à soupe d'huile d'olive et salez-les généreusement. Mélangez bien pour enrober les rondelles de courge d'huile et étalez-les en une seule couche sur les plaques.

Enfournez pour 20 min de cuisson environ, jusqu'à ce que le dessous soit bruni et le pourtour légèrement croustillant. Retournez les rondelles et poursuivez la cuisson 15 à 20 min, jusqu'à ce que la courge soit caramélisée et bien tendre.

Pendant ce temps, préparez le pesto de graines de courge : dans le bol d'un robot, rassemblez les graines de courge, le basilic, l'ail et une pincée de sel. Mixez jusqu'à ce que le basilic soit réduit en fines lanières. Ajoutez le parmesan et l'huile d'olive. Mixez de nouveau, en veillant à ne pas trop travailler le pesto. On cherche à conserver des morceaux. (Vous pouvez aussi utiliser un mortier et un pilon.) Goûtez et rajoutez du sel ou de l'huile d'olive si nécessaire.

Dressez les rondelles de courge sur un plat de service. Répartissez des cuillerées de pesto sur la courge, parsemez de flocons de sel et servez immédiatement.

Courgettes grillées
aux citrons fondants

Pour 4 personnes | Préparation : 15 min | Cuisson : 1 h | Total : 1 h 15

Le plat de fin d'été ultime qui va les séduire tous : des courgettes coupées en deux et grillées dans une poêle chaude jusqu'à développer de belles marques de brûlures. Comme on utilise un feu très vif, la courgette reste juteuse tout en développant une délicieuse croûte sur l'extérieur. Pendant la cuisson des courgettes, on prépare les citrons fondants : on emballe de très fines rondelles de citron dans une papillote en papier sulfurisé pour qu'elles cuisent à la vapeur. Les citrons cuisent dans leur jus, ce qui leur donne une texture tendre et une saveur citronnée concentrée qui souligne à la perfection le goût un peu brûlé des courgettes.

2 citrons Meyer ou classiques de taille moyenne (page 21), coupés en fines rondelles

1 kg de courgettes vertes, de courgettes rondes de Nice et de courgettes jaunes, petites et moyennes

6 cl d'huile d'olive vierge extra, plus 2 cuil. à soupe, plus un peu si nécessaire

sel

1 gousse d'ail finement râpée

2 ou 3 cuil. à soupe de feuilles de menthe fraîche

flocons de sel

Préchauffez le four à 200 °C (th. 6-7).

Empilez les rondelles de citron au centre d'un rectangle de papier d'aluminium ou de papier sulfurisé de 23 x 30 cm. Soulevez les deux côtés du papier pour les ramener au centre et pliez-les ensemble pour former une papillote, puis rabattez les extrémités sur le dessous. Posez la papillote obtenue sur une plaque.

Enfournez pour environ 40 min de cuisson, jusqu'à ce que les citrons soient super tendres et fondants.

Pendant ce temps, coupez les extrémités des courgettes et coupez-les toutes en deux dans la longueur. Posez les courgettes sur une grande plaque et arrosez-les de 6 cl d'huile d'olive. Salez-les généreusement et mélangez pour bien répartir le sel.

Faites chauffer une grande poêle en fonte à feu moyen-vif, jusqu'à ce qu'elle fume presque. En faisant plusieurs fournées, posez les courgettes, côté coupé sur le dessous, dans la poêle, et lestez-les avec une presse à burger ou une autre poêle. Faites-les griller 3 ou 4 min, jusqu'à ce que le dessous commence à brûler et que l'intérieur soit tendre. Retournez les courgettes et poursuivez la cuisson 2 ou 3 min sur l'autre face. N'hésitez pas à rajouter 1 cuil. à café d'huile ou plus si nécessaire, si la poêle semble trop sèche ou si les courgettes commencent à adhérer, et ajustez le feu en conséquence. Dressez les courgettes grillées sur un plat de service.

Ouvrez délicatement la papillote des rondelles de citron et répartissez-les sur les courgettes.

Dans un bol, mélangez l'ail et les 2 cuil. à soupe d'huile d'olive restantes et versez sur les courgettes. Parsemez de feuilles de menthe et de flocons de sel. Servez chaud.

Note : *cela ne figure pas dans la liste des ingrédients, mais, si vous en avez envie, arrosez les courgettes grillées d'un petit filet de miel de fleurs pour équilibrer le goût fumé et grillé.*

Patates douces rôties
au beurre noisette au piment

Pour 4 à 6 personnes | Préparation : 15 min | Cuisson : 35 min | Total : 50 min

Vous aurez forcément envie de refaire ces patates douces fondantes mélangées à un beurre noisette bien relevé au piment pour accompagner vos plats. Alors que l'on a tendance à rendre les patates douces encore plus sucrées en ajoutant du sirop d'érable, du sucre roux ou même des marshmallows, cette recette reste du côté salé de la force. Pour contrebalancer le goût sucré de la chair, les rondelles de patate douce sont associées à un beurre noisette relevé avec des piments moulus piquants mais agréablement amers, des échalotes et du concentré de tomates caramélisé.

1,2 à 1,5 kg de patates douces, coupées en rondelles de 2 cm

2 cuil. à soupe d'huile neutre (tournesol ou pépin de raisin)

sel

60 g de beurre doux

1 petite échalote finement hachée

1 cuil. à café de concentré de tomates

1 cuil. à café de piment d'Alep ou de flocons de piment rouge

½ cuil. à café de paprika doux

¼ de cuil. à café de piment de Cayenne (facultatif)

flocons de sel, pour le service

persil ou coriandre, pour le service

crème fraîche ou yaourt à la grecque, pour le service

Préchauffez le four à 210 °C (th. 7). Tapissez deux plaques de papier sulfurisé.

Disposez les patates douces sur les plaques, arrosez-les d'huile et salez-les généreusement. Mélangez pour bien enrober les rondelles de patate douce d'huile et étalez-les en une seule couche. Enfournez pour 30 à 35 min de cuisson, jusqu'à ce que les patates douces soient tendres.

Dans une petite poêle, faites fondre le beurre 3 ou 4 min à feu moyen, en fouettant de temps à autre, jusqu'à ce qu'il y ait des petits morceaux dorés au fond de la poêle. Ajoutez l'échalote et le concentré de tomates, puis faites-les revenir 2 ou 3 min, sans cesser de remuer, jusqu'à ce que l'échalote dégage tous ses arômes et que le concentré de tomates prenne une coloration plus foncée. Retirez la poêle du feu. Ajoutez le piment d'Alep, le paprika, une pincée de sel et éventuellement le piment de Cayenne.

Dressez les rondelles de patate douce sur un grand plat et arrosez-les de beurre noisette au piment. Mélangez, puis parsemez de flocons de sel et de persil ou de coriandre. Servez chaud, avec de la crème fraîche dans un ramequin à part.

Note : *pour préparer une version sans produit laitier, supprimez le beurre et utilisez une huile au goût de noisette à la place, de l'huile de sésame, de noisette ou d'arachide grillée, par exemple, et ne proposez pas de crème fraîche.*

Poireaux fondants
à la vinaigrette moutardée

Pour 2 à 4 personnes | Préparation : 15 min, plus 2 h de réfrigération | Cuisson : 40 min | Total : 2 h 55

Cette recette de poireaux vinaigrette avec ses poireaux fondants nappés d'une sauce acidulée et parsemés de pistaches croquantes se marie à merveille avec presque tout, du poulet rôti au poisson frit, en passant par un bon steak grillé. Faire pocher les poireaux décompose leurs cellules et transforme les tiges en tendres petites pépites. Je vous propose ici une recette de base que vous pouvez pimper avec vos herbes, épices et bouillons préférés. Encore mieux, vous pouvez préparer ce plat à l'avance : faites pocher les poireaux, placez-les au réfrigérateur, confectionnez la vinaigrette, puis assemblez le tout au moment de servir.

4 poireaux de taille moyenne, sans les racines ni les feuilles vert foncé

sel

1 cuil. à soupe de sucre

1 cuil. à café de grains de poivre noir

1 petite échalote coupée en fines rondelles

½ cuil. à café de zeste de citron finement râpé

1 cuil. à soupe de jus de citron

1 cuil. à café de moutarde de Dijon

1½ cuil. à soupe d'huile d'olive vierge extra

2 cuil. à soupe de persil frais ciselé

2 cuil. à soupe de pistaches grillées concassées (salées ou non)

flocons de sel, pour le service

Enlevez la couche extérieure de chaque poireau. C'est là que s'accumule en général le plus de sable et de terre, et cette couche peut parfois s'abîmer sur le chemin entre le marché et la maison. Sous l'eau courante froide, rincez les poireaux en écartant délicatement les couches au niveau de la partie supérieure pour que l'eau s'infiltre bien. Réservez les poireaux.

Dans une petite cocotte, mélangez 2 cuil. à soupe de sel, le sucre, les grains de poivre et 50 cl d'eau. Portez à ébullition à feu moyen. Déposez délicatement les poireaux dans la cocotte et baissez à feu doux. Il faut que le bouillon frémisse à peine, sans faire de bulles ou presque. Faites pocher les poireaux 35 à 40 min, jusqu'à ce qu'une fourchette les perce facilement.

Avec une pince ou une fourchette, transférez les poireaux sur un petit plat (jetez l'eau de cuisson). Laissez reposer les poireaux au moins 2 heures, et jusqu'à une nuit, au réfrigérateur.

Mettez les rondelles d'échalote dans une passoire fine et rincez-les à l'eau courante froide pendant 10 s environ. Cette étape permet d'éliminer un peu du goût piquant et vous donnera une échalote à la saveur plus délicate. Réservez dans la passoire.

Dans un bol, mélangez au fouet le zeste et le jus de citron, la moutarde et une pincée de sel. Sans cesser de fouetter, versez l'huile en filet, jusqu'à ce que la vinaigrette soit lisse et émulsifiée.

Coupez les poireaux froids en rondelles de 2,5 cm et dressez-les sur un plat de service. (Si certaines couches se défont lors de la découpe, remettez-les simplement en place autour du poireau.) Nappez les poireaux de vinaigrette, puis parsemez d'échalotes, de persil, de pistaches et de flocons de sel.

Bok choy à la moutarde au miel

Pour 4 personnes | Préparation : 15 min | Cuisson : 5 min | Total : 20 min

Le bok choy, ou pak-choï, une variété de chou chinois, est un légume vert crucifère qui compose la base de cet accompagnement très léger. Vous vous demandez peut-être ce qu'il y a de si excitant à ce énième légume vert ? Quand il cuit à la vapeur, le bok choy développe un goût divinement beurré et une texture délicate prête à absorber la sauce au miel et à la moutarde. Cette vinaigrette est douce, pas trop puissante, ni trop amère, ni trop sucrée.

Vous verrez que je parsème le plat de graines de moutarde grillées grossièrement concassées. Ne vous embêtez pas à en chercher si vous pensez que vous n'en utiliserez plus jamais, bien qu'elles soient indispensables dans les pickles maison et super bonnes dans plein de marinades. Je vous encourage donc vivement à essayer d'en trouver malgré tout. Servez ce merveilleux accompagnement avec du poisson ou un steak grillés.

1 cuil. à soupe de miel

2 cuil. à café de moutarde de Dijon

1 gousse d'ail finement râpée ou hachée

3 cuil. à soupe d'huile neutre (tournesol ou pépin de raisin)

1 cuil. à soupe de jus de citron

sel

½ cuil. à café de graines de moutarde jaune

450 g de mini bok choy coupés en deux dans la longueur et bien rincés

Dans un saladier, mélangez au fouet le miel, la moutarde et l'ail. Sans cesser de fouetter, versez très lentement l'huile en filet, en commençant par quelques gouttes seulement. Fouettez jusqu'à ce que la sauce soit lisse et forme une émulsion. Ajoutez le jus de citron et une pincée de sel, puis fouettez de nouveau.

Dans une petite poêle, faites griller les graines de moutarde environ 1 min à feu moyen, jusqu'à ce qu'elles dégagent tous leurs arômes et que certaines graines commencent à éclater. Retirez la poêle du feu.

Transférez les graines de moutarde dans un mortier et écrasez-les au pilon. (Vous pouvez aussi placer les graines entre deux feuilles de papier absorbant et passer plusieurs fois dessus avec un rouleau à pâtisserie.)

Dans une grande casserole, portez environ 2,5 cm d'eau salée à ébullition à feu moyen. Baissez à feu doux-moyen, ajoutez les bok choy, couvrez et faites-les cuire 2 min à l'étouffée. Avec une pince, retournez les bok choy. Couvrez et laissez cuire encore 2 min environ, jusqu'à ce qu'ils soient vert vif, tendres, mais encore un peu croquants. Transférez les bok choy dans une passoire pour les égoutter.

Étalez la moitié de la vinaigrette sur un plat de service. Disposez les bok choy sur la vinaigrette et arrosez du reste de vinaigrette. Parsemez de graines de moutarde grillées et servez immédiatement.

Poivrons marinés fumés

Pour 4 personnes | Préparation : 10 min, plus 15 min de réfrigération | Cuisson : 15 min | Total : 40 min

Quand j'étais petite, ma mère nous servait tout le temps des poivrons rouges marinés, fumés et bien dodus en accompagnement. Qualifier ce plat d'accompagnement est un peu exagéré, il s'agit presque plus d'un condiment. Chaque fois que j'en prépare, une odeur fumée emplit la pièce et me ramène dans la cuisine de ma mère. Elle faisait griller les poivrons directement sur notre gazinière et me les passait pour que je les épluche et que je les dépose dans la marinade. Nous les gardions toujours entiers, avec les tiges, et nous les servions avec un bon poulet rôti et de la purée de pommes de terre. Ils apportent le parfait degré d'acidité à n'importe quel plat. Quand il y avait des restes, nous les mangions au petit-déjeuner le lendemain sur du pain grillé avec du fromage et des œufs au plat.

450 g de petits poivrons rouges ou de poivrons piquillo rouges
6 cl d'huile d'olive vierge extra
6 cl de vinaigre de riz ou de cidre, plus un peu si nécessaire
2 cuil. à soupe de sucre
sel

Préchauffez le gril du four. Placez la grille du four à environ 10 cm de la résistance.

Posez les poivrons sur une plaque. Faites-les griller 6 à 8 min, jusqu'à ce que le dessus ait noirci et que la peau se décolle. Avec une pince, retournez-les et faites-les griller encore 5 à 7 min. Selon leur taille, vous devrez répéter l'opération jusqu'à ce qu'ils soient uniformément brûlés.

Transférez les poivrons grillés dans un saladier et couvrez hermétiquement avec du film plastique ou un couvercle. Laissez reposer environ 15 min, jusqu'à ce que les poivrons aient assez refroidi pour être manipulés. La chaleur résiduelle des poivrons va créer de la vapeur et ramollir la peau qui sera plus facile à enlever.

Attrapez un poivron par la tige et ôtez délicatement la peau calcinée, en laissant la tige attachée. Mettez les poivrons épluchés et tout leur jus dans un saladier.

Ajoutez l'huile d'olive, le vinaigre, le sucre et une grosse pincée de sel. Mélangez délicatement pour bien enrober les poivrons. Goûtez et rajoutez du sel ou du vinaigre si nécessaire.

Servez immédiatement ou couvrez et entreposez au réfrigérateur jusqu'à 5 jours.

Note : *on peut facilement doubler les quantités de cette recette pour une grande tablée ou pour ajouter des poivrons dans n'importe quel plat pendant toute la semaine.*

douceurs & sucreries

Gâteau au chocolat au lait sans cuisson

Pour 1 gâteau de 25 cm | Préparation : 30 min, plus 3 h de réfrigération | Total : 3 h 30

Je trouve que le chocolat au lait n'est pas apprécié à sa juste valeur et cette recette devrait changer la donne. Ce gâteau sans cuisson un peu acidulé est un dessert parfait pour ce livre : c'est un gros gâteau à partager, facile à transporter et incroyablement délicieux. Il se compose d'un fond croquant réalisé avec des biscuits et d'une mousse au chocolat au lait salé. La crème aigre contrebalance la richesse de la crème fouettée et apporte de la rondeur en bouche ainsi qu'une subtile acidité à chaque bouchée, tandis que le sel fait ressortir le goût sucré du chocolat. Vous pouvez varier les plaisirs en ajoutant un peu de poudre de malt à la mousse ou, si vous aimez la glace menthe-chocolat, en parfumant la mousse avec quelques gouttes d'extrait de menthe poivrée.

Pour le fond aux biscuits

1 paquet de biscuits au chocolat fourrés, de type Oreo, de 400 g (environ 36 biscuits)

100 g de beurre doux fondu

2 g de fleur de sel

Pour la garniture au chocolat au lait

240 g de chocolat au lait coupé en morceaux

240 g de crème liquide entière

3 g de fleur de sel

240 g de crème aigre

Pour le service

flocons de sel, pour parsemer le gâteau

copeaux de chocolat au lait ou chocolat au lait fondu, pour la décoration

Préparez le fond du gâteau : dans un robot, mixez les biscuits fourrés, jusqu'à l'obtention de miettes assez fines avec encore quelques morceaux. Ajoutez le beurre fondu et le sel, puis mixez pour mélanger. (Vous pouvez aussi mettre les biscuits dans un grand sac congélation zippé et les écraser avec un rouleau à pâtisserie. Ajoutez ensuite le beurre et le sel, puis mélangez.)

Transférez la préparation dans un moule à gâteau de 25 cm de diamètre. Avec les mains ou le fond d'un verre, tassez la préparation en une couche uniforme pour couvrir le fond et les parois du moule. Placez le moule au congélateur le temps de préparer la garniture.

Préparez la garniture au chocolat au lait : dans une petite casserole, portez 2,5 cm d'eau à frémissement. Mettez le chocolat dans un petit saladier résistant à la chaleur et posez-le sur la casserole pour faire fondre le chocolat au bain-marie. (Veillez à ce que le fond du saladier ne touche pas l'eau.) Laissez fondre le chocolat sans cesser de remuer avec une spatule en silicone. Quand les trois quarts environ du chocolat ont fondu, retirez le saladier de la casserole et continuez de mélanger, jusqu'à ce que tout le chocolat soit fondu. (Vous pouvez aussi faire fondre le chocolat au micro-ondes par tranches de 15 s si vous préférez.) Laissez le chocolat fondu refroidir à température ambiante.

Dans un saladier, mélangez la crème et la fleur de sel avec un batteur électrique (ou dans un saladier avec un fouet et de l'huile de coude). Fouettez la crème environ 3 min, jusqu'à la formation de becs souples. Ajoutez la crème aigre et continuez de fouetter, jusqu'à ce qu'elle soit incorporée. Versez lentement le chocolat fondu en filet, sans cesser de fouetter, jusqu'à ce que tout le chocolat soit incorporé et que la crème fouettée soit bien ferme.

Sortez le fond du gâteau du congélateur. Versez la mousse au chocolat dans le moule et étalez-la uniformément avec une spatule en silicone.

Laissez reposer au moins 3 h au réfrigérateur.

Parsemez de flocons de sel et d'un peu de copeaux de chocolat ou de chocolat fondu. Coupez en tranches et servez.

Le meilleur banana bread du monde

Pour 1 moule à cake de 20 cm | Préparation : 10 min | Cuisson : 1 h | Total : 1 h 10

Dans un monde où tout est toujours « le meilleur », j'essaie de garder mes superlatifs pour les occasions où je le pense vraiment. Dans ce cas, même si c'est un peu prétentieux, je persiste et signe : c'est le meilleur banana bread que j'aie jamais mangé. C'est l'un des desserts que j'ai le plus souvent envie de faire. J'en ai préparé si souvent que je pourrais le faire les yeux fermés. Cette recette produit un banana bread moelleux, fondant, sucré juste comme il faut et merveilleusement parfumé. J'ai essayé de l'agrémenter de glaçages, de nappages et même de beurre. Il s'est avéré qu'il n'avait besoin de rien. Il est délicieux tel quel !

huile neutre, pour le moule

530 g de bananes bien mûres, avec des taches noires (voir notes)

150 g de cassonade ou de sucre de canne brun

2 gros œufs

110 g d'huile neutre (tournesol ou pépin de raisin)

1 cuil. à soupe (14 g) d'extrait de vanille

1½ cuil. à café (7 g) de vinaigre blanc distillé

2 g de fleur de sel

½ cuil. à café (1 g) de cannelle moulue

1 pincée de cardamome verte moulue (facultatif)

190 g de farine

½ cuil. à café (3 g) de bicarbonate de soude

½ cuil. à café (2 g) de levure chimique

30 g de sucre turbinado (facultatif)

flocons de sel (facultatif, voir notes)

Placez une grille au milieu du four. Préchauffez le four à 180 °C (th. 6). Huilez un moule de 20 x 10 cm avec 1 cuil. à soupe d'huile neutre et tapissez-le de papier sulfurisé, en laissant l'excédent dépasser sur les côtés.

Épluchez les bananes. Dans un saladier, écrasez les bananes à la fourchette, jusqu'à l'obtention d'une purée lisse. Vous devriez obtenir 400 g de purée de banane. Ajoutez la cassonade, les œufs, l'huile, la vanille, le vinaigre, le sel, la cannelle et éventuellement la cardamome. Mélangez à la fourchette ou au fouet.

Versez la farine, le bicarbonate de soude et la levure chimique sur les ingrédients humides. Mélangez d'abord les ingrédients secs à la fourchette ou au fouet. Incorporez-les ensuite complètement à la pâte, en veillant à ce qu'il n'y ait plus de grumeaux secs. Versez la pâte dans le moule. Parsemez éventuellement d'un peu de sucre turbinado et de flocons de sel.

Enfournez pour environ 1 h de cuisson, jusqu'à qu'une pique ressorte sèche ou à peine couverte de quelques miettes. Le banana bread doit rebondir un peu au toucher, il ne doit ni trembloter, ni être liquide.

Laissez le banana bread refroidir complètement dans le moule, puis démoulez-le en vous aidant du papier sulfurisé.

Notes :

- *Il faut impérativement des bananes mûres et tachetées pour obtenir le niveau de sucre parfait, parce qu'elles ont une teneur plus élevée en sucre que les bananes jaunes sans tache. Ça vaut vraiment le coup de les laisser mûrir sur le plan de travail.*
- *Même si le sucre turbinado et les flocons de sel sont facultatifs, ils sont VIVEMENT recommandés. Ils apportent une touche croquante agréable à chaque bouchée, alors si ce n'est pas trop de dérangement pour vous, ajoutez-en !*

Gâteau renversé à la noix de coco
et à l'ananas

Pour 1 gâteau de 25 cm | Préparation : 25 min, plus 20 min de réfrigération | Cuisson : 1 h 10 | Total : 1 h 55

Inspiré au départ par les saveurs de la piña colada, ce gâteau offre une croûte moelleuse au bon goût de noix de coco surmontée d'une mosaïque d'ananas juteux et caramélisé. À chaque bouchée, les cubes d'ananas explosent sur le palais en libérant leur saveur sucrée et acidulée. C'est un gâteau génial pour un anniversaire, des fiançailles, pour clore un dîner informel du mercredi soir ou même pour un petit-déjeuner décadent. La joie de retourner le gâteau pour révéler les motifs créés par les morceaux d'ananas ne se tarit jamais. Faites-le devant vos convives et observez leur réaction, ça n'a pas de prix !

Pour la garniture à l'ananas

environ 500 g d'ananas frais coupé en dés de 2,5 cm

200 g de sucre

6 cl de rhum ou d'eau

30 g de jus de citron

Pour le gâteau à la noix de coco

120 g de beurre doux

140 g de noix de coco râpée

200 g de sucre de canne brun

25 cl de crème liquide entière

1 cuil. à soupe de vinaigre blanc distillé

1 cuil. à soupe d'extrait de vanille

3 g de sel

2 gros œufs

185 g de farine

½ cuil. à café (3 g) de bicarbonate de soude

glace à la vanille, pour le service (facultatif)

Préparez la garniture à l'ananas : tapissez un moule à gâteau ou un moule à charnière de 25 cm de diamètre de papier sulfurisé. Posez le moule sur une plaque recouverte de papier sulfurisé. (Cela permet de récupérer les coulures de sucre.) Disposez les cubes d'ananas en une couche uniforme au fond du moule.

Dans une casserole de taille moyenne (voir notes), réunissez le sucre, le rhum et le jus de citron. Ne mélangez surtout pas, cela ruinerait le sirop ! Placez à feu moyen et couvrez. Au bout de 3 ou 4 min, enlevez le couvercle et vérifiez si le sucre s'est dissout et a commencé à brunir. Couvrez et poursuivez la cuisson 2 ou 3 min, sans mélanger, jusqu'à ce que le sucre ait pris une coloration ambrée. Versez immédiatement et délicatement le sirop chaud sur les morceaux d'ananas, en raclant les parois de la casserole avec une spatule en silicone, sans toucher le sirop chaud.

Préparez le gâteau à la noix de coco : préchauffez le four à 180 °C (th. 6).

Placez la même casserole à feu moyen — inutile de la nettoyer ou de la rincer. Ajoutez le beurre et laissez chauffer 3 ou 4 min, jusqu'à ce qu'il soit fondu. Ajoutez la noix de coco et laissez cuire 3 ou 4 min, en remuant régulièrement, jusqu'à ce que la noix de coco soit grillée et croustillante. Retirez immédiatement la casserole du feu.

Incorporez au fouet le sucre de canne, la crème, le vinaigre, la vanille et le sel. Le mélange doit être tiède, mais pas chaud, au toucher. (S'il est trop chaud, laissez-le refroidir 5 à 10 min.) Ajoutez les œufs et fouettez pour les incorporer.

Notes :

- *Si vous n'avez pas envie de vous casser la tête à trouver un ananas mûr (ni d'attendre patiemment que votre ananas mûrisse), vous pouvez utiliser de l'ananas en boîte. Des cubes d'ananas congelés (décongelés au préalable) peuvent aussi fonctionner. Cela dit, l'ananas frais sera toujours préférable, car il a la texture et le degré d'acidité parfaits.*
- *Nous allons utiliser la même casserole pour la pâte à gâteau, prenez bien une casserole de taille moyenne, pas un tout petit format.*

(suite de la recette)

Versez la farine et le bicarbonate de soude sur le mélange à base de noix de coco. Passez les doigts ou un fouet sur la farine pour bien répartir le bicarbonate de soude. Avec une spatule en silicone, mélangez la pâte jusqu'à ce qu'elle soit homogène, sans grumeaux secs. Transférez-la dans le moule en la versant directement sur l'ananas.

Enfournez pour 50 à 55 min de cuisson, jusqu'à ce que le gâteau soit doré, élastique au toucher (sans trembloter) et qu'une pique insérée au centre en ressorte propre ou avec quelques miettes. Laissez refroidir 10 à 15 min dans le moule.

Passez un couteau sur le pourtour du moule pour décoller les côtés. Posez un grand plat sur le moule et retournez le tout délicatement. Retirez le tour du moule si vous avez utilisé un moule à charnière. Soulevez délicatement le moule et retirez le papier sulfurisé pour révéler les morceaux d'ananas caramélisés. Si le sirop s'est accumulé au centre, étalez-le vers les côtés avec une spatule ou un pinceau à pâtisserie. Laissez refroidir encore 5 min.

Coupez en tranches et servez tiède. Servez éventuellement avec une boule de glace à la vanille.

Cake épicé à la courgette
avec un glaçage au fromage frais et au miel

Pour 1 moule à cake de 20 cm | Préparation : 40 min | Cuisson : 1 h 15 | Total : 1 h 55

Oui, cette recette contient un million d'ingrédients, et oui, ça vaut le coup : des filaments juteux de courgette enrobés d'une pâte à cake épicée pour un moelleux incomparable. Même si le goût de la courgette est imperceptible, vous noterez certainement sa présence en matière de texture. Sucré au miel, ce cake est en plus nappé d'un glaçage au fromage frais et au miel ! C'est le genre de gâteau que vous pouvez préparer un dimanche soir pour en déguster une tranche chaque jour de la semaine. Dégustez-le avec votre café du matin ou un thé bien chaud.

Pour le cake à la courgette

huile neutre, pour le moule

200 g de cassonade ou de sucre de canne brun

110 g d'huile neutre (tournesol ou pépin de raisin)

145 g de miel

2 gros œufs

2 cuil. à soupe de cacao en poudre tamisé

1 cuil. à soupe de cannelle moulue

1 cuil. à café de gingembre moulu

½ cuil. à café de cardamome moulue

¼ de cuil. à café de clous de girofle moulus

¼ de cuil. à café de noix de muscade moulue

1 cuil. à café de sel

1 cuil. à soupe d'extrait de vanille

1 cuil. à soupe de vinaigre blanc distillé

285 g de farine, plus 30 g

½ cuil. à café (3 g) de bicarbonate de soude

¼ de cuil. à café (1 g) de levure chimique

350 g de courgette

Pour le glaçage au fromage frais

120 g de fromage frais

55 g de miel

40 g de sucre glace

1 pincée de cannelle moulue, plus un peu pour saupoudrer le cake

Préparez le cake à la courgette et au miel : préchauffez le four à 180 °C (th. 6). Huilez légèrement un moule à cake de 20 x 10 cm et tapissez-le de papier sulfurisé, en laissant l'excédent dépasser sur les côtés.

Dans un saladier, mélangez la cassonade, l'huile, le miel, les œufs, le cacao en poudre, la cannelle, le gingembre, la cardamome, les clous de girofle, la noix muscade et le sel. Fouettez vigoureusement 2 ou 3 min, jusqu'à ce que le mélange soit mousseux. Ajoutez la vanille et le vinaigre. Fouettez pour les incorporer.

Versez 285 g de farine au centre de la pâte. Ajoutez le bicarbonate de soude et la levure. Fouettez délicatement les ingrédients secs avec un fouet propre et sec ou une fourchette pour répartir uniformément le bicarbonate de soude et la levure dans la farine. Avec une spatule en silicone, incorporez les ingrédients secs, jusqu'à ce que la pâte soit homogène (ce n'est pas grave s'il reste quelques grumeaux de farine à ce stade, veillez à ne pas trop mélanger la pâte).

Râpez les courgettes en utilisant les gros trous d'une râpe à quatre faces. Déposez les courgettes râpées sur la pâte. Parsemez-les de 30 g de farine, incorporez-les à la pâte avec une spatule en silicone, jusqu'à ce qu'il n'y ait plus de grumeaux de farine visibles. Versez la pâte dans le moule.

Enfournez pour environ 1 h 15 de cuisson, jusqu'à ce que le gâteau soit élastique au toucher (il ne doit pas trembloter quand on secoue le moule) et qu'une pique insérée au centre en ressorte propre ou avec quelques miettes. Laissez refroidir complètement.

Préparez le glaçage au fromage frais : dans un petit saladier, mélangez au batteur électrique ou au fouet le fromage frais, le miel, le sucre glace, la cannelle et une petite pincée de sel, jusqu'à ce que le mélange soit lisse et mousseux. Ce n'est pas une énorme quantité de glaçage, mais c'est juste parfait pour couvrir le dessus du cake et sucrer chaque bouchée.

Étalez le glaçage sur tout le cake froid. Saupoudrez légèrement de cannelle. Coupez en tranches et servez.

Note : *si vous n'avez pas envie de sortir pour acheter chacune des épices individuellement, remplacez-les par 10 g de mélange d'épices pour pain d'épices.*

Le gâteau au chocolat parfait

Pour 1 gâteau carré de 22 cm | Préparation : 45 min | Cuisson : 55 min | Total : 1 h 40

Tous les vendredis avant shabbat, le magasin bio dans lequel je vais pour une seule et unique chose — son kombucha à un prix imbattable — propose un gâteau au chocolat au rayon « bonnes affaires ». Un jour, par curiosité, j'en ai acheté une part à 2 $. Puis j'y suis retournée et j'en ai racheté, encore et encore. Bien que j'aie eu l'impression d'être la seule à en acheter, puisqu'il était soldé tout le temps, c'est finalement devenu mon dessert préféré de tous les temps. Et puis, un jour, il avait un goût totalement différent, il était fade et sec. J'ai supposé que c'était un cas exceptionnel, mais après avoir retenté ma chance deux fois, j'ai capitulé et compris le problème : ils avaient changé la recette.

J'ai immédiatement commencé à développer ma propre recette pour ce gâteau. Après ce qui m'a semblé une éternité, j'ai obtenu un gâteau très proche de celui du magasin : gourmand, chocolaté et hyper moelleux. Il est parfait pour une grande tablée : qu'il soit parsemé de vermicelles multicolores pour un goûter d'anniversaire ou de fleurs comestibles pour faire un dessert élégant pour votre prochain dîner.

Pour le gâteau au chocolat

huile neutre, pour le moule

240 g de crème liquide entière

1 cuil. à soupe de vinaigre blanc distillé

220 g d'huile neutre (tournesol ou pépin de raisin)

70 g de cacao en poudre

300 g de sucre en poudre

5 g de sel

75 g d'eau tiède

1 cuil. à soupe de café soluble (facultatif, voir notes)

2 gros œufs

200 g de farine

1 cuil. à café de bicarbonate de soude

Pour la crème au beurre au chocolat

35 g de cacao en poudre

80 g de crème liquide entière

170 g de beurre doux à température ambiante

3 g de sel

100 g de sucre glace, plus un peu si nécessaire

2 à 4 cuil. à soupe de l'alcool de votre choix, du rhum ou du whisky, par ex. (facultatif)

Préparez le gâteau au chocolat : préchauffez le four à 180 °C (th. 6). Huilez légèrement un moule carré de 22 cm. Tapissez-le de papier sulfurisé en laissant les extrémités dépasser de chaque côté.

Dans un bol, mélangez la crème et le vinaigre. Réservez.

Dans une casserole de taille moyenne (voir notes), mélangez l'huile et le cacao en poudre, puis faites chauffer 2 ou 3 min à feu moyen, sans cesser de fouetter, jusqu'à ce que le mélange soit homogène et ait pris une belle couleur marron foncé. Retirez la casserole du feu.

Ajoutez le sucre et le sel. Incorporez-les au fouet. Ajoutez la crème vinaigrée et fouettez de nouveau, jusqu'à ce que la pâte soit homogène. Ajoutez l'eau tiède et éventuellement le café soluble. Fouettez de nouveau. Ajoutez les œufs et fouettez pour les incorporer.

Versez la farine et le bicarbonate de soude sur la pâte. Passez les doigts ou un fouet sur la farine pour bien répartir le bicarbonate de soude dans la farine. Avec une cuillère en bois ou une spatule en silicone, incorporez la farine, jusqu'à ce que la pâte soit presque homogène, sans grumeaux. Versez la pâte dans le moule.

Enfournez pour 40 à 45 min de cuisson, jusqu'à ce que le gâteau soit élastique (sans trembloter) au toucher et qu'une pique insérée au centre en ressorte sèche (quelques miettes sont acceptables, mais la pâte ne doit pas être crue). Laissez refroidir dans le moule.

Notes :

- *Attention, prenez bien du café soluble qui doit se dissoudre dans la pâte, n'utilisez pas de café moulu à la place.*
- *Nous allons utiliser la même casserole pour la pâte à gâteau, choisissez bien une casserole de taille moyenne, pas un tout petit format.*

(suite de la recette)

Glace au citron et au miel sans turbinage

Pour 6 à 8 personnes | Préparation : 10 min, plus 8 h de congélation | Total : 8 h 10

Depuis toute petite, je rêvais de posséder une turbine à glace, jusqu'à ce que je finisse par en acheter une, une fois adulte. Devinez combien de fois je l'ai utilisée ? Une fois. Je l'ai utilisée UNE fois.

La bonne nouvelle, c'est qu'il n'est pas nécessaire d'en posséder une pour confectionner cette glace au citron et au miel super simple et sans turbinage. Même si neuf fois sur dix je préfère acheter les glaces au supermarché, certaines associations de saveurs justifient largement de les faire maison.

100 g de sucre en poudre

3 cuil. à soupe de zeste de citron râpé (18 g) (6 petits citrons environ)

235 g de jus de citron, plus un peu pour le service

145 g de miel, plus un peu pour le service

6 g de sel

470 g de crème liquide entière

flocons de sel, pour le service

écorces de citron, pour le service

Dans un récipient de taille moyenne allant au congélateur, mélangez le sucre et le zeste de citron en les frottant avec les doigts environ 2 min, jusqu'à ce que le sucre devienne jaune clair et soit très parfumé. (Les zestes de citron sont gorgés d'huiles naturelles et la texture abrasive du sucre aide à extraire une grande partie de leur saveur.)

Ajoutez le jus de citron, le miel et le sel. Mélangez avec une spatule en silicone ou une cuillère en bois, jusqu'à ce que presque tout le sucre soit dissout. Incorporez la crème. Couvrez et placez au congélateur au moins 8 h, de préférence une nuit, jusqu'à ce que la glace ait une texture ferme, mais assez souple pour faire des boules.

Sortez la glace du congélateur 5 min avant de servir. Faites des boules, dressez-les dans des coupes, nappez d'un filet de miel et parsemez de flocons de sel. Si vous êtes comme moi et que vous aimez que les trucs acides soient bien *acides*, pressez un citron directement sur la glace. Tordez une écorce de citron entre vos doigts au-dessus de la glace (comme on le fait pour les cocktails) pour en extraire les huiles essentielles.

Note : *si vous avez des restes, cette glace fait un sundae délicieux. Déposez des boules de glace dans des ramequins, recouvrez de meringue concassée ou de biscuits émiettés pour le croquant, puis ajoutez une cuillerée de crème fouettée et un bon filet de miel.*

Cookies au beurre noisette, au café
et aux pépites de chocolat

Pour 12 à 14 cookies | Préparation : 25 min, plus 1 h de réfrigération | Cuisson : 12 min | Total : 1 h 37

Mon installation aux États-Unis m'a fait découvrir une culture qui adore les cookies et je n'étais pas prête du tout. À part les Oreo et les sablés qui fondent en bouche, les biscuits et cookies ont toujours été à la marge sur ma liste de desserts, mais j'ai finalement développé un cookie dont je ne peux plus me passer. Je parle d'un cookie gourmand, croustifondant, avec des saveurs bien prononcées. La base de la pâte est un beurre noisette, associé à un soupçon de café soluble pour faire ressortir les notes chocolatées, à du sucre de canne brun pour une saveur caramélisée et à des flocons de sel croquants. Imaginez commencer la journée avec ces cookies trempés dans votre café — LE RÊVE.

170 g de beurre doux

3 cuil. à soupe (7 g) de café soluble (voir note)

1 cuil. à café de vinaigre blanc distillé

150 g de sucre de canne brun

65 g de sucre

1 gros œuf

30 g de crème aigre ou de yaourt au lait entier

3 g de sel

185 g de farine

1 grosse pincée de levure chimique

1 pincée de bicarbonate de soude

80 g de pépites ou de palets de chocolat noir, plus un peu à votre convenance

flocons de sel, pour parsemer les cookies (facultatif)

Note : *veillez à bien utiliser du café soluble, le café moulu ne fonctionnerait pas dans ce scénario.*

Dans une casserole de taille moyenne, faites chauffer le beurre à feu moyen. Laissez cuire 6 à 8 min, en mélangeant de temps à autre, jusqu'à ce que les parties solides du beurre (vous les verrez flotter au fond de la casserole) prennent une belle couleur noisette et que le beurre dégage une odeur appétissante. Retirez la casserole du feu et réservez-la sur une surface froide.

Dans un saladier, fouettez le café soluble et le vinaigre, jusqu'à ce que le café soit dissout. Ajoutez le sucre de canne, le sucre en poudre, l'œuf, la crème aigre et le sel. Fouettez jusqu'à ce que le mélange soit homogène. Ajoutez le beurre noisette tiède et fouettez de nouveau. Notez que la pâte peut sembler bizarre et séparée au début, mais elle va finir par former une émulsion et vous obtiendrez une pâte souple et veloutée.

Versez la farine, la levure et le bicarbonate de soude sur la pâte. Avec une fourchette, un fouet sec ou les doigts, répartissez le bicarbonate et la levure dans la farine. Avec une spatule en silicone ou une cuillère en bois, incorporez les ingrédients secs à la pâte, en veillant à ce qu'il n'y ait plus de grumeaux. Incorporez les pépites ou les palets de chocolat.

Couvrez le saladier et laissez reposer au réfrigérateur au moins 1 h, voire une nuit, jusqu'à ce que la pâte puisse être facilement façonnée avec une cuillère à glace et qu'elle ait une consistance similaire à des pommes de terre écrasées. (Si elle passe une nuit au réfrigérateur, sortez-la 30 à 45 min avant cuisson pour qu'elle revienne à température ambiante.)

Préchauffez le four à 180 °C (th. 6). Tapissez une grande plaque ou deux plaques standard de papier sulfurisé.

Utilisez une cuillère à glace pour déposer des boules de pâte sur la plaque, en les espaçant d'environ 5 cm. (Selon la taille de votre cuillère à glace, laissez plus de place entre les cookies car ils s'étalent à la cuisson !)

Enfournez pour 10 à 12 min de cuisson, jusqu'à ce que les cookies soient bien parfumés, juste pris sur le pourtour et mous au centre.

Sortez la plaque du four et tapez-la sur le plan de travail pour créer des ondulations à la surface des cookies. Parsemez éventuellement de flocons de sel et laissez reposer 3 à 5 min sur la plaque. Dégustez les cookies tièdes.

Cremeş (Gâteau à la crème à la vanille)

Pour 12 personnes | Préparation : 20 min, plus 6 h de réfrigération | Cuisson : 40 min | Total : 7 h

Demandez à n'importe lequel de mes cousins, oncles ou tantes, quel dessert nous réunit tous, et ils vous donneront tous la même réponse : le *cremeş* (prononcez creh-mesh). Nos invités réclamaient toujours ce dessert à chacune de leurs visites, sans exception. Cette pâtisserie austro-hongroise n'est rien de plus qu'une tranche de crème pâtissière à la vanille prise en sandwich entre deux rectangles de pâte feuilletée. Elle possède autant de noms — *Cremeschnitte* en Allemagne, *krémes* en Hongrie, *kremówka* en Pologne — que de variantes.

Je l'ai fait à d'innombrables reprises depuis que je suis ado, avec plus ou moins de réussite. Cette recette est si chère à mon cœur que j'étais obligée de la partager avec vous.

Pour la pâte feuilletée

farine, pour le plan de travail

450 g de pâte feuilletée bien froide

Pour la crème pâtissière à la vanille

1,5 l de lait entier

1 gousse de vanille ou 2 cuil. à café d'extrait de vanille

6 gros jaunes d'œufs

300 g de sucre en poudre

3 g de sel

120 g de fécule de maïs (voir note)

180 g de beurre doux froid, coupé en dés

sucre glace, pour saupoudrer les parts

Note : *si vous utilisez un verre doseur pour mesurer la fécule de maïs, sachez qu'elle fait partie de ces ingrédients qui ont tendance à s'agglomérer. Donnez-lui un léger coup de fouet et secouez le verre pour bien faire le niveau. Et mieux vaut en mettre un peu moins que trop !*

Préparez la pâte feuilletée : préchauffez le four à 210 °C (th. 7). Tapissez une plaque de papier sulfurisé.

Farinez le plan de travail. Divisez la pâte feuilletée pour travailler avec 225 g de pâte à la fois. Enveloppez le reste de la pâte dans du film alimentaire et réservez au réfrigérateur.

Étalez la pâte en un rectangle d'environ 25 x 35 cm. (Les dimensions n'ont pas besoin d'être super précises pour le moment, nous recouperons la pâte plus tard.) Posez la pâte abaissée sur la plaque et piquez-la avec une fourchette. Couvrez de papier sulfurisé, puis lestez avec une deuxième plaque.

Enfournez pour 16 à 20 min de cuisson, jusqu'à ce que la pâte ait pris une belle couleur ambrée. Si votre four est puissant, vérifiez la pâte au bout de 12 min de cuisson, car ce type de pâte brunit rapidement. Retirez la plaque du dessus et le papier sulfurisé. Transférez délicatement la pâte avec le papier sulfurisé du dessous sur une grille. Laissez refroidir.

Posez une nouvelle feuille de papier sulfurisé sur la plaque et répétez l'opération avec le reste de la pâte. Laissez refroidir.

Posez une des pâtes cuites sur un moule à bords hauts de 23 x 33 cm. Réservez l'autre pour plus tard. Avec les doigts, aplatissez la pâte pour qu'elle se positionne bien au fond du moule, en cassant les bords si nécessaire. Ce sera la base du gâteau. Réservez les chutes de pâte feuilletée dans un bol.

Préparez la crème pâtissière à la vanille : versez le lait dans une grande casserole. Si vous utilisez une gousse de vanille, fendez-la en deux et grattez les graines dans le lait. Sinon, ajoutez l'extrait de vanille. Portez à frémissement à feu moyen, sans cesser de fouetter pour empêcher le lait de brûler. Retirez la casserole du feu.

(suite de la recette)

Dans un saladier, fouettez les jaunes d'œufs, le sucre en poudre et le sel. Ajoutez un trait de lait chaud pour que la préparation se mélange mieux. Ajoutez la fécule de maïs et fouettez pour l'incorporer. Sans cesser de fouetter, versez progressivement 125 g du lait chaud. Répétez l'opération, sans cesser de fouetter, jusqu'à ce que vous ayez ajouté 1 l de lait en tout et que la préparation dans le saladier soit chaude au toucher.

Placez une passoire fine au-dessus de la casserole de lait. Versez le mélange jaunes d'œufs/lait dans la casserole en le filtrant dans la passoire. Cela permet d'éliminer les éventuels petits morceaux d'œuf cuit.

Remettez la casserole à feu moyen. Commencez à fouetter en restant à côté de la casserole, jusqu'à ce que la crème épaississe. Pendant les 6 à 10 premières minutes, vous aurez l'impression que rien ne change : la préparation aura l'air liquide et mousseuse. Au bout de 2 ou 3 minutes supplémentaires, la mousse sur le dessus va commencer à disparaître. Baissez à feu doux-moyen. Continuez de fouetter ! Au bout de quelques minutes supplémentaires, la mousse aura disparu et vous verrez la première bulle. Continuez de fouetter ! La crème va se mettre à bouillir. Continuez de fouetter 1 ou 2 min, la crème va épaissir et devenir difficile à mélanger. Elle sera lisse et épaisse, un peu comme une mayonnaise en matière de consistance. Retirez la casserole du feu.

Ajoutez 30 g de beurre et fouettez pour l'incorporer. Répétez l'opération avec 30 g de beurre. Répétez une dernière fois pour incorporer tout le beurre.

En utilisant une passoire fine propre, versez la crème chaude sur la pâte dans le moule. Lissez la surface avec une spatule.

Émiettez la deuxième plaque de pâte feuilletée ainsi que les chutes de la première sur la crème. Laissez prendre au moins 6 h, de préférence une nuit, au réfrigérateur, jusqu'à ce que la crème soit ferme.

Saupoudrez de sucre glace au moment de servir. Coupez en tranches et servez.

Gâteau renversé à l'huile d'olive,
à la cardamome et à l'orange

Pour 1 gâteau rond de 25 cm ou carré de 23 cm | Préparation : 1 h 10 | Cuisson : 1 h | Total : 2 h 10

Imaginez une couche d'oranges mijotées dans du sucre à la cardamome, enrobées d'une pâte moelleuse à l'huile d'olive. De l'huile d'olive dans un gâteau, ça peut sembler bizarre, mais son goût prononcé apporte une saveur unique et inoubliable à tous les desserts, ainsi qu'une texture moelleuse irrésistible. Parfumé à la cardamome et au zeste d'orange, ce gâteau devient encore meilleur après avoir attendu à température ambiante. C'est à juste titre l'une de mes recettes préférées et j'ai hâte de voir vos réalisations.

Si vous êtes d'humeur aventureuse, essayez d'utiliser d'autres agrumes. La plupart des variétés d'orange fonctionnent, des oranges sanguines aux mandarines en passant par les oranges Cara Cara. Les citrons Meyer sont également une bonne alternative, surtout si l'on saupoudre le gâteau de sucre mélangé à de l'acide citrique pour un kick supplémentaire. Les citrons verts, en revanche, sont un petit peu trop amers.

Pour les oranges confites

3 oranges de taille moyenne, brossées

250 g de sucre

5 capsules de cardamome verte écrasées, ou 1 cuil. à café de cardamome moulue

Pour le gâteau à l'huile d'olive, à la cardamome et à l'orange

huile d'olive vierge extra, pour le moule et les oranges

270 g de sucre

2 cuil. à soupe de zeste d'orange râpé (2 oranges environ)

12 capsules de cardamome moulues, sans les gousses, ou 2 cuil. à café de cardamome moulue

3 g de sel

4 gros œufs

155 g d'huile d'olive vierge extra, plus un peu pour le service

60 g de jus d'orange (soit 1 orange de taille moyenne environ)

1 cuil. à café d'extrait de vanille

250 g de farine

1 cuil. à café (4 g) de levure chimique

1 pincée de bicarbonate de soude

Préparez les oranges confites : avec un couteau tranchant, coupez les oranges en rondelles de 3 mm d'épaisseur. (Réservez les extrémités des oranges et les tranches plus épaisses coupées par erreur pour faire un jus ou pour un petit grignotage.) Réservez les rondelles d'orange dans un saladier.

Dans une casserole de taille moyenne, mélangez 315 g d'eau, le sucre et la cardamome. Coupez un disque de papier sulfurisé un peu plus petit que le diamètre de la casserole et faites un petit trou au centre. Mettez les oranges dans la casserole et posez le couvercle en papier sulfurisé dessus, en veillant à ce qu'il soit en contact avec les oranges. Elles resteront ainsi immergées pendant la cuisson.

Portez à ébullition à feu moyen. Baissez à feu doux-moyen et laissez frémir 40 à 50 min, jusqu'à ce que l'écorce des oranges soit tendre et que les membranes blanches soient moins opaques. Retirez la casserole du feu.

Pendant ce temps, préparez le gâteau à l'huile d'olive, à la cardamome et à l'orange : préchauffez le four à 180 °C (th. 6). Badigeonnez d'huile d'olive un moule rond ou un moule à charnière de 25 cm de diamètre, ou un moule carré de 23 cm. Tapissez le fond et les côtés du moule de papier sulfurisé et badigeonnez-le aussi d'un petit peu d'huile. Recouvrez une plaque de papier sulfurisé et posez le moule sur la plaque, ce qui permettra de récupérer les coulures de sucre.

Dans un saladier, réunissez le sucre, le zeste d'orange, la cardamome et le sel. Frottez avec les doigts, jusqu'à ce que le sucre soit jaune pâle et bien parfumé. Ajoutez les œufs et fouettez vigoureusement 4 ou 5 min à la main, ou 2 ou 3 min au batteur électrique, jusqu'à ce que la préparation soit légère, mousseuse et qu'elle ait blanchi. Sans cesser de fouetter, versez l'huile d'olive en un filet régulier. Ajoutez le jus d'orange et la vanille. Mélangez au fouet.

(suite de la recette)

Dans un saladier, mélangez au fouet la farine, la levure et le bicarbonate de soude. Avec une spatule en silicone, incorporez délicatement les ingrédients secs aux ingrédients humides, en veillant à ce qu'il n'y ait pas de grumeaux. Disposez les rondelles d'orange sirupeuses au fond du moule en les faisant se chevaucher pour créer un motif en écailles. Au lieu de poser les oranges en cercles, faites des lignes droites superposées. Essayez de ne pas laisser d'espace entre les rondelles d'orange, sinon la pâte va couler en dessous. Répétez l'opération jusqu'à ce que le fond du moule soit couvert de rondelles d'orange. Disposez les éventuelles rondelles d'orange restantes sur les côtés du moule. Arrosez les rondelles d'orange de 2 cuil. à soupe de sirop à l'orange et à la cardamome, puis arrosez-les de 2 cuil. à soupe d'huile d'olive (voir note). Versez délicatement la pâte sur les rondelles d'orange.

Enfournez et vérifiez la cuisson du gâteau au bout de 30 min environ. Si le dessus du gâteau brunit trop rapidement, couvrez-le de papier d'aluminium et poursuivez la cuisson. Laissez cuire encore 30 à 45 min, jusqu'à ce que le gâteau soit élastique (sans trembloter) au toucher et qu'une pique insérée au centre en ressorte propre (quelques miettes sont acceptables, mais il ne doit pas y avoir de pâte crue sur la pique). Tous les fours sont un peu différents, d'où les indications assez larges pour les temps de cuisson.

Laissez le gâteau refroidir 10 min dans le moule.

Posez un grand plat sur le moule et retournez le tout délicatement. Retirez le tour du moule si vous avez utilisé un moule à charnière. Soulevez délicatement le moule et retirez le papier sulfurisé pour révéler les rondelles d'orange.

Badigeonnez le dessus du gâteau de sirop à l'orange et à la cardamome et arrosez d'un petit filet d'huile d'olive. Coupez en tranches et servez.

Note : *il vous restera pas mal de sirop à l'orange et à la cardamome. Ne le jetez pas ! Filtrez-le dans un bocal, datez-le, étiquetez-le et conservez-le au réfrigérateur. Mélangez-le avec de l'eau pétillante et du jus de citron jaune ou vert pour une boisson rafraîchissante, ou gardez-le pour votre prochain cocktail.*

REMERCIEMENTS

Hashem, merci de m'avoir accordé le don de partager mon amour de la nourriture avec ta création. Merci de me donner le courage de poursuivre ce but et de créer mon propre univers.

Merci à ma communauté, je vous suis tellement reconnaissante pour toutes vos photos, vidéos, tous vos emails et vos textes, lorsque vous partagez mes recettes avec vos proches. C'est un honneur de faire partie de votre monde, je suis si heureuse de vous avoir. J'écris chacune de mes recettes en pensant à vous, merci de toujours me poser des questions, de rester curieux et d'améliorer mes recettes. Merci, merci, merci !

Maman, merci d'avoir nourri cette insatiable curiosité en cuisine, d'avoir regardé des émissions de cuisine avec moi, d'avoir chiné des objets pour mes visuels et de t'être pliée en quatre pour acheter tout ce dont j'avais besoin pour mes expériences culinaires. Même si notre budget était très serré, tu trouvais toujours un moyen pour y arriver. Merci pour ton soutien inconditionnel, même si tu ne comprenais pas ce que je faisais. Et merci aussi d'avoir tenu le parapluie pour diffuser la lumière pendant que je tournais sur notre minuscule balcon, dans le froid glacial de l'hiver ou sous la canicule. Désolée de t'avoir moins appelée pendant que je travaillais sur ce *livre. Mulțumesc mama!*

Papa, toi qui ne comprends pas non plus toujours ce que je fais, merci de sacrifier ton temps pour subvenir aux besoins de ta famille et de m'avoir enseigné à être prudente, à trouver de l'humour en toutes choses, à respirer, à me détendre, merci aussi de toujours me rappeler d'où je viens. *Köszi papa!*

Nicole Tourtelot, merci d'avoir cru que mon travail méritait d'être exploré et de m'avoir donné la confiance de mener à bien cet énorme projet. Merci de m'avoir montré la valeur de mon travail et d'avoir répondu à tous mes appels anxieux avec ton calme légendaire. Je t'en suis infiniment reconnaissante.

Jenn Sit, tu as été la première à envisager la possibilité d'écrire un livre quand j'étais encore en Roumanie en pleine procédure d'immigration. L'idée même d'un livre me semblait alors totalement inconcevable. Merci pour ta patience et merci d'avoir attendu que je m'installe aux États-Unis. Je me sens tellement chanceuse d'avoir pu travailler avec toi sur mon premier livre de cuisine. Merci pour ta confiance, tes conseils et ton aide, merci de m'avoir encouragée à être plus audacieuse et à avoir plus confiance en moi, merci d'avoir créé un espace sûr et d'avoir accueilli avec bienveillance toutes mes questions, même les plus stupides. Je n'aurais pas pu y arriver sans toi !

Jeanelle Olson, merci de m'avoir supportée et d'avoir toléré mes emails ridiculement tardifs avec des douzaines de recettes à relire. Merci d'avoir posé toutes les bonnes questions en testant ces recettes ; tu m'as tant appris !

Katie Wayne, merci d'avoir fait en sorte que le shooting de ce livre se passe sans accroc, merci pour tout ce que tu as fait : commander tout ce dont nous pourrions avoir besoin, transbahuter de droite à gauche nos énormes sacs de voyage, nous laisser utiliser tes outils recouverts de masking tape fraises, créer le planning pour photographier 100 recettes et m'arracher un rire sincère pour la photo de couverture. Sans toi, ce shooting n'aurait pas été aussi agréable ! Je te remercie pour ton talent et tes inénarrables playlists.

James Tenenhouse, tu es hilarant ; merci d'avoir fait en sorte que mes mâchoires se décrochent de rire chaque jour pendant le shooting. Je suis si contente que tu sois venu de Londres spécialement pour ça. Je suis très honorée que cela ait été ton premier shooting d'un livre de cuisine, je n'aurais pu rêver meilleure personne pour cuisiner ces recettes.

Merci d'avoir posé toutes les bonnes questions et d'avoir su gérer mes instructions parfois brutales. Tu as rendu ces recettes bien meilleures et plus accessibles. J'espère que tu feras des centaines d'autres shootings de cuisine. Ce fut une telle joie de travailler avec toi, merci d'être une telle perle !

Maeve Sheridan, merci pour ta vision colorée et ton esprit d'équipe. Merci d'avoir réuni une telle collection de plats et d'avoir compris ma vision en cherchant des assiettes roumaines et des plats aux motifs hongrois, jusqu'à ces assiettes globes oculaires que nous n'avons jamais pu utiliser. Je te remercie vivement pour ta chaleur et tes conseils pendant tout le shooting, merci d'avoir rendu tout cela si simple. Les lattes dans tes si jolies tasses me manquent beaucoup. Désolée d'avoir taché ta casserole turquoise avec du curcuma !!

Nico Schinco, merci ! Je n'ai jamais travaillé avec quelqu'un qui manie aussi bien la lumière que toi. Je pouvais te dire : « Je veux que cette photo ait l'air d'avoir été prise en août à 19 h face au coucher du soleil » et tu réussissais à capter exactement cette atmosphère. Merci d'avoir supporté mes centaines de « On peut faire un plan rapproché ? » Merci pour ton talent, merci d'avoir donné vie à ces recettes d'une manière aussi magnifique. Je ne me lasserai jamais de regarder ces merveilleuses photos.

Nikki Jessop, j'ai soupiré d'admiration quand j'ai vu à quel point les recettes étaient belles avec toi : elles étaient si symétriques, si propres, si précises. Sans toi, je n'aurais jamais obtenu un chou farci impeccable ni ces bourekas parfaitement enrobés de sésame. Merci d'avoir rendu ces recettes plus belles que ce que j'aurais fait et de m'avoir présenté à ton adorable petit chien !

Francis Lam, merci d'avoir rendu tout le processus plus réaliste ! J'ai apprécié toutes nos discussions qui m'ont guidée au fil de toutes les étapes de la fabrication de ce livre.

Becky Hughes, tu as été la première à déceler quelque chose dans mon travail et je t'en suis plus que reconnaissante. Merci pour ta confiance, merci de m'avoir aidée à affiner mon regard et à perfectionner mes compétences en matière de tournage.

Natasha Janardan, merci pour la salière et la poivrière, je n'en ai pas encore marre, et merci de rendre mes vidéos tellement meilleures.

Patrick Moynihan, je te suis très reconnaissante d'avoir jugé que mon travail était assez qualitatif pour m'offrir une chance chez Food52 ; merci pour ta gentillesse et ton implication sans faille, merci d'avoir été là pour moi lors de mon premier live et de me laisser des commentaires bienveillants à chaque publication. Merci enfin à toute l'équipe de Food52 de me laisser partager mes recettes avec la communauté.

INDEX

Note : les pages indiquées en italique renvoient à des photographies.

Ouvrage publié pour la première fois en 2024 par Clarkson Potter/Publishers, une marque de Crown Publishing Group, une division de Penguin Random House LLC, (1745 Broadway, New York, NY 10019)

Édition et traduction françaises :

58, rue Jean Bleuzen – 92178 Vanves Cedex

Direction : Catherine Saunier-Talec
Responsable éditoriale : Lisa Grall
Éditrice : Chléa Caroux
Responsable artistique : Annabelle Mollet
Photo de couverture : © Nico Schinco
Traduction : Marion Richaud
Mise en page : Marion Richaud
Relecture : Marie Chouteau
Fabrication : Amélie Latsch
Responsable des partenariats :
Dana Lichiardopol
(dlichiardopol@hachette-livre.fr)

Contact : webpratique@hachette-pratique.com

L'Éditeur remercie Marine Lesauvage pour son aide précieuse.

Dépôt légal : septembre 2025
56-2418-5
ISBN : 978-2-01-732179-8/01
Imprimé en Espagne